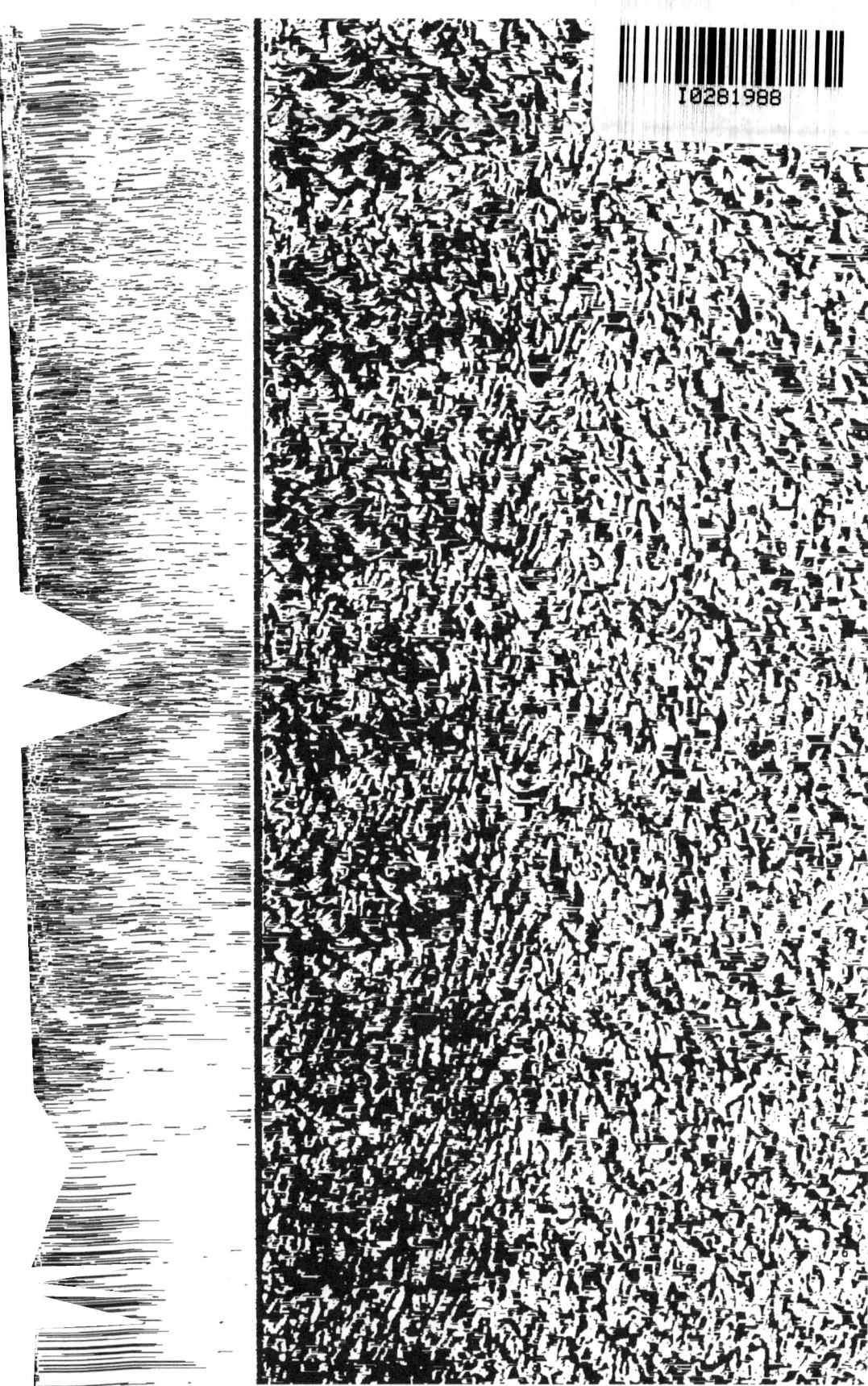

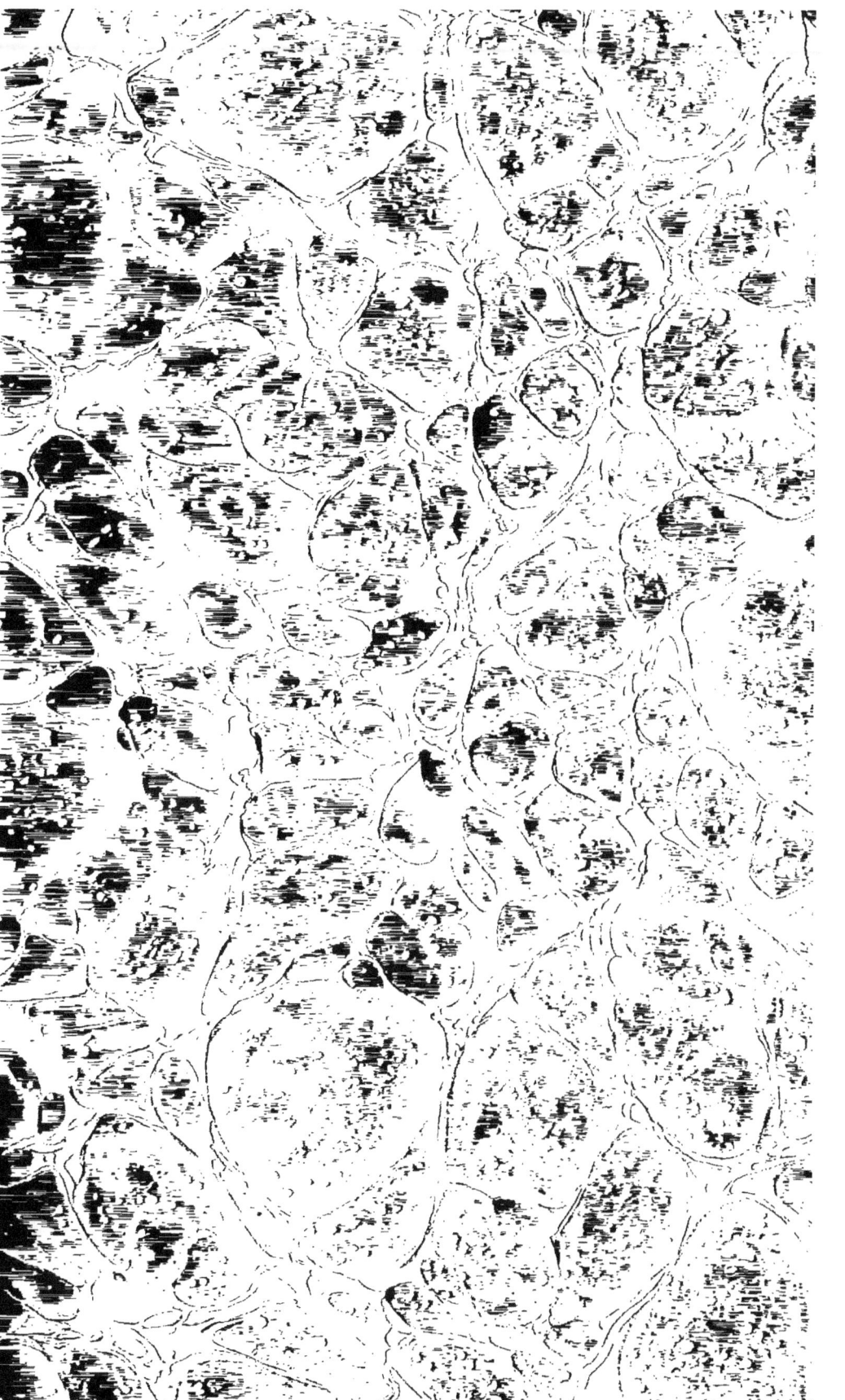

OEUVRES

DE

J. J. ROUSSEAU.

CORRESPONDANCE

ORIGINALE ET INÉDITE

DE J. J. ROUSSEAU

AVEC

Mme. LATOUR DE FRANQUEVILLE
ET M. DU PEYROU.

TOME PREMIER.

A PARIS,

CHEZ GIGUET ET MICHAUD, IMPRIMEURS-LIBRAIRES;

ET A NEUCHATEL, CHEZ L. FAUCHE-BOREL, LIBRAIRE.

AN XI. — 1803.

AVIS DES LIBRAIRES-ÉDITEURS.

Les lettres de Rousseau qu'on a publiées jusqu'à présent dans la collection de ses œuvres, offrent rarement un vif intérêt, et sont peu propres à faire connoître le caractère de cet écrivain, 1°. parce qu'elles ont été écrites pour être publiées; 2°. parce qu'elles sont, pour la plupart, isolées, sans suite, sans rapports entr'elles, et qu'elles ne présentent presque jamais qu'un fragment de correspondance, qui ne permet point au lecteur de porter un jugement. Les lettres qu'on donne aujourd'hui au public nous ont paru plus propres à satisfaire la curiosité des lecteurs vulgaires, en même-temps qu'elles peuvent fournir plus de lumières à ceux qui voudront juger un homme aussi remarquable par sa conduite et son caractère, que par ses écrits et ses opinions. Nous avons dit que ces lettres étoient propres à satisfaire la curiosité; en effet, comme elles forment une correspondance qui a duré plusieurs années, elles ont cet ensemble et cette suite qui font naître et entretiennent l'intérêt. C'est une correspondance dont tout le monde peut saisir l'objet; elle roule sur des sentimens dont il est facile de distinguer le caractère et de suivre les progrès. Voilà la part de la curiosité; voilà pour ceux qui ne lisent que des romans, et qui pourront lire ces lettres dans le même esprit qu'elles ont lu la *Nouvelle Héloïse*. Mais cette correspondance offre un intérêt plus réel, plus fait pour être senti par les observateurs éclairés. Ils y trouveront le cœur et l'ame toute entière d'une femme qui écrit d'après les sentimens qu'elle éprouve, et qui écrit sans savoir qu'elle sera jamais lue du public. On y verra à découvert le caractère d'un homme qui s'exprime d'abord avec l'épanchement de l'amitié, et qui, sans raison, se repent ensuite d'avoir ouvert son cœur. Les lettres de Rousseau ont été écrites en des circonstances différentes : on y trouvera tour à tour les diverses impressions de l'amour-propre blessé ou flatté, les épanchemens de l'amitié la plus confiante, et en même-temps toute la défiance que peut inspirer la plus sauvage misantropie. Nous ne nous permettrons point de juger J. J. Rousseau, qui nous semble très-bien caractérisé par ce vers :

Il épuise à lui seul l'inconstance de l'homme.

M. de Laharpe avoit fait allusion ici aux opinions politiques et religieuses de l'auteur d'*Emile*; nous oserons étendre plus loin le sens de ce vers, et nous ne craindrons pas de dire que Rousseau porta quelquefois l'inconstance jusque dans ses affections. Il a fini par se défier de tous ses amis, et par rester seul sur la terre, en proie à tous les tourmens d'une ame soupçonneuse. Il seroit difficile d'expliquer une humeur aussi bizarre, si ce n'est en disant que Rousseau fut tout à coup porté à l'âge de quarante ans, dans un monde aux usages duquel il n'étoit point préparé par le genre de son éducation; il y ressembloit à un étranger, à un voyageur qui est jeté par le hasard ou par la tempête sur une terre inconnue; mais peut-être cette humeur même, qui lui fit dire et faire tant de folies, lui fit-elle produire aussi les plus belles choses ? Toujours persuadé qu'il étoit en guerre avec tous ses contemporains, il s'exerça à soutenir une lutte qu'il croyoit formidable. A mesure qu'il étoit attaqué, il sembloit devenir plus fort ; chaque coup qu'il croyoit lui être porté, sembloit doubler son énergie. Il en est souvent des écrivains comme des héros ; leur force s'agrandit sur le champ de bataille, elle s'énerve dans le repos. Qui pourroit compter les chef-d'œuvres et les grandes actions qu'a produits parmi les hommes, l'ambition de surmonter les obstacles ? Rousseau fut misantrope par caractère : on ne sait pas jusqu'à quel point ce caractère peut donner de la vie à la pensée, et de la chaleur au style d'un écrivain. Rousseau ne valoit peut-être pas mieux que les hommes qu'il méprisoit ; mais il s'imposoit du moins l'obligation de paroître meilleur ; il faut quelquefois voir l'humanité de dessus les montagnes ; il faut quelquefois se séparer des hommes pour leur plaire. Tant que Rousseau vécut familièrement avec eux, il fut inconnu ; il se brouilla avec tout le monde, et tout le monde l'admira. Nous ne conseillerons cependant à personne de suivre son exemple.

Nous croyons devoir placer ici des vers que Mme. Latour de Franqueville, auteur des lettres qu'on va lire, avoit écrits sur les murailles de la ferme de l'île de Saint-Pierre ; ces vers nous ont paru peindre fidèlement le caractère et la vie de Rousseau.

<blockquote>
Réduit fameux, par Jean-Jacques habité,
 Tu me rappelles son génie,
 Sa solitude, sa fierté,
 Et ses malheurs et sa folie.
 Toujours, hélas ! persécuté,
 Ou par lui-même, ou par l'envie,
Contemplons au flambeau de la philosophie
 Un grand homme et l'humanité.
</blockquote>

Il nous reste à parler de Mme. de Franqueville. Les personnes qui l'ont connue s'accordent à dire qu'elle fut une des femmes les plus aimables de son temps. Son père, très-vertueux et très-sévère, la maria à un homme qui n'étoit point digne d'elle.

Après plusieurs années de souffrances, son père exigea lui-même qu'elle plaidât en séparation. Dès-lors Mme. Latour de Franqueville se consacra entièrement à l'étude; sa sensibilité en devint plus vive; elle parloit avec autant de charme qu'elle écrivoit; mais elle voulut toujours rester ignorée. Elle avoit vingt-huit ou trente ans, lorsque la *Nouvelle-Héloïse* parut; l'auteur devint pour elle ce que Platon étoit pour ses disciples; elle se livra sans réserve comme sans danger à un enthousiasme qui remplissoit son cœur. Elle écrivit à Rousseau sous le nom de Julie, de concert avec une de ses amies, qui écrivoit sous le nom de Claire. Cette correspondance, qui n'étoit peut-être d'abord qu'une plaisanterie, devint tour à tour le bonheur et le malheur de toute sa vie. Malgré son dévouement, elle se trouva en butte aux défiances de Rousseau, et elle étoit cependant restée fidèle à sa mémoire; elle a donné des larmes à la mort de son grand *manitou*, de son modèle, de l'ame de son ame, jusqu'à sa propre mort, arrivée en septembre 1788. Nous nous dispenserons de parler des lettres qu'on va lire. « Il est impossible, disent les rédacteurs du *Mercure*, à qui elles ont été communiquées, de montrer plus de sentiment, plus d'esprit, plus de grâce, qu'elle n'en montre dans cette correspondance. » On trouvera dans ce recueil neuf lettres d'une femme, amie de Mme. de Franqueville, et qui écrivoit, comme on vient de le dire, sous le nom de *Claire*. Elle paroît avoir eu également beaucoup d'esprit ; mais elle étoit plus légère, moins susceptible d'enthousiasme ; elle se condamna au silence, dès qu'elle connut l'humeur de Rousseau.

Le recueil que nous donnons au public renferme encore plusieurs lettres écrites par Rousseau à M. du Peyrou, dépositaire de ses manuscrits. Deux ou trois ont déjà été publiées ; mais nous les avons rappelées ici, parce qu'elles forment une suite, et qu'elles ne sauroient être détachées sans perdre de leur intérêt. Les lettres les plus intéressantes sont celles que Jean-Jacques écrivit dans son séjour en Angleterre, au sujet de sa querelle avec David Hume. On y voit combien il étoit malheureux par son caractère défiant. M. du Peyrou lui-même ne fut point exempt du sort qu'avoient éprouvés tous les amis de cet écrivain, aussi éloquent dans ses écrits, que singulier dans sa conduite : il fut traité comme Mme. de Franqueville. On dit que sur la fin de sa vie, Rousseau se défioit de sa femme elle-même, et quelques personnes dignes de foi ne craignent pas d'assurer que, dans son désespoir, il se donna la mort dans ces mêmes jardins d'Ermenonville où ses cendres sont restées long-temps ensevelies.

AVIS DES ÉDITEURS.

Au reste, nous n'osons point affirmer ce fait, quelle que soit la source respectable d'où nous le tenons, et nous l'abandonnons entièrement au jugement des lecteurs.

Nous ne croyons pas qu'on puisse douter de l'authenticité de cette correspondance; les preuves en pareil cas sont dans l'ouvrage lui-même ; et, si nous avions besoin de recourir à des démonstrations étrangères, dès-lors ces démonstrations elles-mêmes deviendroient inutiles. Nous nous contenterons de donner ici la copie des dernières dispositions de M. du Peyrou, en faveur de M. Fauche-Borel, libraire à Neuchâtel, à qui il a légué ces manuscrits.

Copie d'une des pièces annexées au testament de feu M. Pierre-Alexandre du Peyrou, bourgeois de Neuchâtel, y décédé le 13 novembre 1794.

Instructions et directions pour M. le notaire Guillaume Jeannin, que je commets spécialement pour les objets ci-après, le munissant, à cet effet, de tous pouvoirs nécessaires.

J'entends que tous les papiers manuscrits de Jean-Jacques Rousseau, cahiers, lettres par lui écrites ou celles à lui adressées, qu'il avoit déjà transcrites et rassemblées comme Pièces justificatives, soient recueillis et rassemblés en paquets étiquetés et cachetés, pour être déposés dans une bibliothèque publique bien assurée.

Les lettres à moi adressées seront également déposées, après leur copie tirée et imprimée, mais resteront dans le dépôt sans pouvoir être réclamées. M. Jeannin pourra en remettre la copie à Fauche-Borel pour leur impression.

La correspondance originale entre Jean-Jacques Rousseau et Mme. de Latour de Franqueville, que celle-ci m'a léguée, sera aussi déposée avec les autres papiers. Mais la copie de cette correspondance devra être imprimée, et pourra aussi être remise à M. Fauche-Borel, qui, pour cet article comme pour le précédent, fera bien de consulter, soit Mme. de Charrière, soit MM. les pasteurs Chaillet ou Meuron, en un mot, quelques personnes lettrées.

Ainsi fait et passé à Neuchâtel, ce vendredi vingt-deux juillet mil sept cent quatre-vingt-onze ; en foi de quoi j'ai écrit et signé la présente de ma main.

Signé PIERRE-ALEXANDRE DU PEYROU.

Moi soussigné, notaire public et juré dans cet état, greffier de la noble cour de justice de cette ville de Neuchâtel, certifie avoir fidèlement extrait la copie ci-dessus et devant, de l'original qui est déposé au greffe de cette ville, laquelle, après avoir été par moi duement collationnée, reconnue juste et parfaitement conforme, j'ai vidimée audit Neuchâtel, le septième septembre mil huit cent un.

Signé C. F. PÉTER.

P. S. Conformément à ces dispositions, les manuscrits des lettres sont déposés à la bibliothèque.

CORRESPONDANCE

ORIGINALE ET INÉDITE

DE J. J. ROUSSEAU.

Mme. *** à J. J. Rousseau.

Le 28 septembre 1761.

Ah! que voilà bien l'inconséquence des femmes! En lisant la *nouvelle Héloïse*, je m'étois promis de n'écrire de mes jours; je l'ai dit à tout le monde, bien décidée à ne pas changer de résolution.

Projets évanouis aussitôt que formés.

Voilà que j'écris, et à qui? à M. Rousseau lui-même. Je ne puis plus sauver mon amour-propre qu'en gardant l'anonyme : une chétive créature qui sait à peine assembler les vingt-quatre lettres de l'alphabet, oser entrer en lice à visage découvert, avec la plus célèbre plume des siècles passés, présens, et sans doute futurs; cela seroit d'une audace par trop insoutenable. Vous ne saurez donc pas, Monsieur, qui je suis; mais vous saurez que Julie n'est point morte, et qu'elle vit pour vous aimer. Cette Julie n'est pas moi; vous le voyez bien à mon style : je ne suis tout au plus que sa cousine, ou plutôt son amie, autant que l'étoit Claire. Si je n'ai pas le mérite de celle-ci, j'en ai du moins les sentimens et le zèle. J'ai soutenu à ma divine amie que l'ame de Julie respiroit en elle, à sa faute près; tous ceux qui savent l'apprécier, le lui soutiennent comme moi; elle s'en défend par excès de modestie, et nous assure avec cette belle candeur, qui ne la caractérise que mieux, ce qu'elle n'avoue pas être, qu'elle voudroit au prix de la faute de Julie, lui ressembler en tout point, et qu'elle n'est sûre de ne la pas commettre, que parce qu'elle l'est de ne jamais trouver un St.-Preux (en supposant toutefois qu'elle ne fût pas mariée). J'ai dit que je vous le dirois; on m'en a défiée; je vous le dis, voilà le sujet de ma lettre. Si cette action vous paroît une folie, tant mieux ; vous ne me croirez donc pas folle, en partant de l'argument de la bonne Chaillot à la charmante Claire. Au reste, croyez-moi tout ce que vous voudrez : il n'est pas ici question de moi ; je n'y figure que comme une admiratrice de plus que vous avez dans le monde, et dont le suffrage est si fort au-dessous de vous, qu'il ne peut que vous être indifférent. Je reviens à ma Julie, dont sûrement vous n'avez jamais supposé l'existence que dans votre brillante et féconde imagination. Soyez pourtant certain que vous l'avez calquée, d'après mon original, trait pour trait, comme s'il vous étoit connu. Même sublimité dans l'ame, même délicatesse, même piété envers ses parens, même ton avec ses gens, dont elle est adorée, même sensibilité pour les malheureux, autant d'esprit, autant de grâces, autant de talens, autant de sagacité, autant de facilité à s'énoncer, et plus que tout cela, les procédés les plus généreux pour un mari bien différent de Wolmar. Croyez - en une femme qui en loue une autre, dont elle sent si bien la supériorité depuis dix ans qu'elles sont liées intimement. Julie existe, Monsieur, n'en doutez pas ; et pourquoi en douteriez-vous? M. Rousseau existe bien ; l'un est-il plus surprenant que l'autre? Cette Julie qui a une antipathie décidée pour les nouvelles connoissances, donneroit tout au monde pour faire la vôtre. Elle n'ose s'en flatter ; mais elle espère au moins que je lui montrerai une réponse de vous : ce n'est que dans cette confiance qu'elle m'a permis de vous parler d'elle. Si vous voulez bien ne la pas décevoir, adressez votre lettre, à qui ? Oh ! voici l'embarras ; attendez ; laissez, s'il vous plaît, le dessus en blanc ; cela ne signifiant rien, signifiera que c'est pour moi, non pas au facteur qui n'a pas le mot de l'énigme, mais à Mme. la marquise de Solar, au parc aux Cerfs, vis-à-vis M. de Séjean, à Versailles ; adresse que vous aurez la bonté de mettre sur une enveloppe qui renfermera la lettre. Elle me sera fidélement rendue, et Mme. de Solar ne vous dira pas qui je suis, elle ne me connoît pas plus que vous, de qui j'ai l'honneur d'être avec tous les sentimens que vous savez si bien inspirer, Monsieur, la très-humble et très-obéissante servante.

✱✱✱

Mon mari le sait et m'approuve.

A Mme. ✱✱✱.

A Montmorenci, le 29 septembre 1761.

J'espère, Madame, malgré le début de votre lettre, que vous n'êtes point auteur, que vous n'eûtes jamais intention de l'être, et que ce n'est point un combat d'esprit auquel vous me provoquez, genre d'escrime pour lequel j'ai autant d'aversion que d'incapacité. Cependant, vous vous êtes promis, dites-vous, de n'écrire de vos jours; je me suis promis la même chose, Madame, et sûrement je le tiendrai. Mais cet engagement n'est relatif qu'au public; il ne s'étend point jusqu'aux commerces de lettres, et bien m'en prend sans doute; car il seroit fort à craindre que la vôtre ne me coûtât une infidélité. A l'éditeur d'une Julie vous en annoncez une autre, une réellement existante, dont vous êtes la Claire. J'en suis charmé pour votre sexe, et même pour le mien; car, quoi qu'en dise votre amie, sitôt qu'il y aura des Julies et des Claires, les St.-Preux ne manqueront pas; avertissez-la de cela, je vous supplie, afin qu'elle se tienne sur ses gardes; et vous-même, fussiez-vous (ce que je ne présume pas), aussi folle que votre modèle, n'allez pas croire, à son exemple, que cela suffit pour être à l'abri des folies. Peut-être tout ce que je vous dis ici vous paroîtra-t-il fort inconsidéré; mais c'est votre faute. Que dire à des personnes qu'on aime à croire très-aimables et très-vertueuses, mais qu'on ne connoît point du tout? Charmantes amies! si vous êtes telles que mon cœur le suppose, puissiez-vous, pour l'honneur de votre sexe, et pour le bonheur de votre vie, ne trouver jamais de St.-Preux! Mais si vous êtes comme les autres, puissiez-vous ne trouver que des St.-Preux!

Vous parlez de faire connoissance avec moi; vous ignorez sans doute que l'homme à qui vous écrivez, affligé d'une maladie incurable et cruelle, lutte tous les jours de sa vie entre la douleur et la mort, et que la lettre même qu'il vous écrit, est souvent interrompue par des distractions d'un genre bien différent. Toutefois je ne puis vous cacher que votre lettre me donne un desir secret de vous connoître toutes deux; et que si notre commerce finit là, il ne me laissera pas sans quelqu'inquiétude. Si ma curiosité étoit satisfaite, ce seroit peut-être bien pis encore. Malgré les ans, les maux, la raison, l'expérience, un solitaire ne doit point s'exposer à voir des Julies et des Claires, quand il veut garder sa tranquillité.

Je vous écris, Madame, comme vous me l'avez prescrit, sans m'informer de ce que vous ne voulez pas que je sache. Si j'étois indiscret, il ne me seroit peut-être pas impossible de vous connoître ; mais fussiez-vous Mme. de Solar elle-même, je ne saurai jamais de votre secret que ce que j'en apprendrai de vous. Si votre intention est que je le devine, vous me trouverez fort bête ; mais vous n'avez pas dû vous attendre à me trouver plus d'esprit.

J. J. ROUSSEAU.

De Mme. ✱ ✱ ✱.

Le 5 octobre 1761.

Non, Monsieur, je ne suis point auteur, et n'eus jamais, comme vous dites très-bien, l'intention de l'être ; je n'ai d'esprit que la juste dose qu'il m'en faut, pour sentir à cet égard toute mon insuffisance. J'ai très-bien compris que vous comprendriez très mal le début de ma lettre; mais je ne me suis apperçue de cette balourdise, qu'en en appercevant mille autres. Il auroit fallu refondre ma lettre en entier; plus je l'aurois refondue, rêvée, réfléchie, plus elle auroit été mauvaise et inintelligible. Je l'ai laissée comme elle étoit ; j'en ferai autant de celle-ci. C'est mon usage, de dire ce que je trouve, faute de trouver dans mon étroit génie ce que je cherche : votre pénétration y suppléera. Vous ne voulez plus écrire pour le public ; j'en suis fâchée pour lui et pour votre libraire. Quant à moi, je m'en consolerai, en relisant cent et cent fois ce que vous avez écrit, et j'y trouverai toujours les grâces de la nouveauté. Les raisons que j'ai eues de garder l'*in-*

cognito subsistent plus que jamais ; je ne desire point que vous me *deviniez*. Il faut que vous m'ayez cru bien peu d'esprit, si vous n'avez pas cru que je vous en crusse assez pour être bête à propos. Je vous rends, à cet égard, comme à tous les autres, la justice que vous méritez ; et, pour vous le prouver, je vais, en pleine confiance, vous donner le moyen de vous ôter à vous-même celui de me découvrir par hasard. Ne montrez nos lettres à personne ; il va chez vous des gens qui connoissent l'écriture des *inséparables*. Osez croire à présent que j'erre sur votre compte. Non-seulement je ne suis pas Mme. de Solar, mais il est même dans la plus exacte vérité que je n'en suis pas connue, et que c'est d'un second bond que votre lettre m'est parvenue. Je ne vous dis rien de Julie ; elle vous écrit, vous la jugerez. Nous nous sommes promis de nous écrire séparément, sans nous communiquer nos lettres, qu'au moment qu'elles seront prêtes à partir, et de n'y pas retoucher, eussions-nous dit les mêmes choses ; elles seront du moins très-différemment dites, je l'avoue à ma honte. Je lui laisse le soin de répondre à l'article dans lequel vous mesurez *votre incapacité à votre aver-*

sion pour un combat d'esprit; elle aura une assez belle matière : j'aurois dû lui laisser répondre aussi à tous les autres, admirer et me taire. C'est à M. Rousseau que j'écris, ma lettre partira à côté de celle de Julie ; tout cela devroit me faire trembler ; mais le sentiment l'emporte sur la vanité. Si je n'ai pas l'honneur d'être connue de vous, j'ai celui de vous connoître ; vous connoître, et prendre à vous le plus vif intérêt, ne renferme que la même idée. Je veux donc joindre mes efforts à ceux de mon amie, pour vous engager à ne refuser aucun des secours qu'on peut apporter au rétablissement de votre santé. Avez-vous pu croire que nous en ignorassions le déplorable état ? Êtes-vous fait pour qu'on vous ignore ? Non-seulement nous vous savions malade, mais nous savions encore que vous vous obstinez à l'être. *J'ai assez vécu,* dites-vous. A mon secours, éloquent milord ! *Cruel,* vous répondroit-il, *si tu as assez vécu pour toi, ne dois-tu plus vivre pour les autres !* etc. etc. N'est-ce que pour nous en imposer, Monsieur, que vous avez écrit cette divine lettre ? N'êtes-vous pas fait pour pratiquer ce que vous prêchez si bien ? Seriez-vous capable de plonger, par votre exemple, le public dans une erreur dont vous avez semblé vouloir le tirer par vos conseils ? Il n'est déjà que trop porté à croire que votre intention a été de faire prévaloir les raisons de St.-Preux sur celles de Milord. Malgré vous, j'adopte les dernières, et Julie veut que vous les adoptiez. Pour l'amour d'elle, voyez le frère Côme, expert en plus d'un genre, et nommément en celui du mal qui vous tourmente et nous désespère. Votre réponse me décidera à continuer ou rompre le commerce épistolaire que vous voulez bien accepter. Si vous ne voulez prendre aucun soin d'une vie devenue précieuse à toute l'Europe, je ne veux pas, moi, me préparer de nouveaux regrets : voilà mon dernier mot.

De moi.

Le 5 octobre 1761.

Je suis, Monsieur, celle de vos admiratrices, dont une femme fort éclairée à tout autre égard qu'au mien, vous a parlé sous le nom de Julie. Je suis bien éloignée d'appercevoir tous les rapports que ma Claire trouve entre cette admirable femme et moi : c'est moi qu'il en faut croire; je n'ai de commun avec elle qu'un desir trop souvent infructueux, d'être utile aux malheureux, une ame droite et sensible, et la plus tendre prévention pour le caractère de St.-Preux. Toutes les autres qualités que mon amie m'attribue, ne sont que les objets de mon émulation ; en un mot, c'est mon modèle qu'elle a tracé dans sa lettre, et non pas mon portrait.

Vous ne trouverez dans mon style, ni la légèreté, ni l'enjouement qui embellissent celui de mon aimable Claire. J'ai infiniment moins d'esprit qu'elle; je n'ai qu'une façon d'être, de penser, de sentir, de parler, et je ne sais pas, comme elle, choisir entre tous les tons possibles, celui qui convient à chaque circonstance. D'ailleurs, je suis née plus sérieuse, et je n'ai pas le courage de badiner avec vous; je suis même toute prête à me repentir d'avoir autorisé l'empressement de mon ardente amie. Je vous l'avoue, je croyois que vous n'y répondriez pas. L'opinion qu'on m'avoit donnée de vous m'a fait tenter cette épreuve, par pure curiosité, et je ne comptois pas sur son succès. J'aurois cependant dû penser qu'il n'est pas aisé de résister aux grâces que ma Claire met dans ses expressions, et qu'un homme qui s'annonce comme vous par ses ouvrages, ne pourroit pas le vouloir. Mais.... mais pourquoi vous écris-je donc, puisque je n'ai pas le talent de vous amuser, et que je ne prétends pas à vous intéresser? Pourquoi! c'est que je n'ai pas dit que je n'écrirois plus, parce que Julie écrivoit, et que Claire écrit bien mieux que moi, et que je crois avoir beaucoup de choses à vous dire.

Rien, après la *Nouvelle Héloïse*, ne m'a fait autant d'impression que votre lettre, Monsieur; l'honnêteté, la délicatesse, l'aménité, la discrétion qui y règnent m'ont enchantée; mais j'ai été pénétrée de ce que vous dites de votre santé. Il ne falloit pas publier la *Nouvelle Héloïse*, ou il faut que vous donniez tous vos soins à la guérison d'une maladie que vous rendez incurable, en vous persuadant qu'elle l'est; car vous ne voulez sûrement nuire à personne; et vous me nuisez plus, à moi, en affligeant mon ame par le partage de vos douleurs, que vous ne m'avez servie en rectifiant mon esprit par la communication de vos lumières.

Je suis bien flattée, Monsieur, de la disposition où vous semblez être de consentir à faire connoissance avec moi; mais je ne veux point vous connoître. (Comme ma Claire a aussi l'honneur de vous écrire, je ne parle ici que pour moi.) Que nous en reviendroit-il ? Je n'ai rien de bon que le cœur; à peine trouve-t-il dans toute la vie une occasion de se montrer :

> Ben s'ode il ragionar, si vede il volto
> Ma dentro il petto, mal giudicar puossi.

Vous n'y gagneriez donc rien. Quant à moi, je n'admire pas assez froidement pour m'exposer à vous voir. Seroit-ce là être sur mes gardes, comme vous me le conseillez dans votre lettre à mon amie ? Un homme qui a fait parler St.-Preux seroit trop dangereux pour une Julie engagée dans les nœuds du mariage. Je conviens qu'il ne diroit pas les mêmes choses; mais tout doit être intéressant dans sa bouche. Je sens déjà trop les désagrémens de ma situation, pour me mettre sous les yeux un objet de comparaison aussi désespérant que vous; et puis, quelle femme peut espérer de paroître estimable à ceux d'un homme qui a connu ou imaginé Julie ? Non, je ne veux point vous connoître ; cela est de la dernière inconséquence : après avoir souffert que mon amie vous exprimât l'envie que j'avois de vous voir, vous me prendrez pour une folle, et vous aurez raison. Croyez cependant que si je suivois mon premier plan, je serois plus folle encore.

De tous les avantages que ma séduisante Claire a sur moi, je ne lui envie que celui d'avoir obtenu une lettre de vous, Monsieur; et je vous prie en grâce de me traiter aussi favorablement qu'elle. Je craindrois que cette prière fût indiscrète, si mon intention étoit de prendre plus d'une fois sur un temps aussi précieux que le vôtre. Mais je desire passionnément d'avoir une de vos lettres, et je ne vous écrirai plus. Que la cessation d'un commerce que je n'aurois pas dû entamer, ne vous laisse aucune *inquiétude* ; est-ce à vous qu'il peut manquer quelque chose? Si Julie a réellement existé, vous êtes certainement St.-Preux ; et, dans ce cas, sa mémoire doit vous occuper tout entier ; si elle n'est que le chef-d'œuvre de votre imagination, croyez-moi, tenez-vous-en à votre chimère ; le créateur n'a point fait d'ouvrage aussi parfait que le vôtre. Adieu, Monsieur, ce que le zèle de ma Claire vous a laissé entrevoir de la conduite de mon mari, à dessein de faire valoir mes procédés pour lui, me fait une loi de garder l'anonyme ; je ne pourrois me nommer sans l'accuser ; je crois que vous le connoissez ; je risquerois de lui enlever votre estime, c'est un trop grand bien pour que je veuille l'en priver : ainsi, vous ne saurez point qui je suis. Il me suffit que vous sachiez que j'ai pour vous tous les sentimens qu'on peut puiser dans l'idée que ce que l'on connoît de vous donne de votre ame, de votre cœur, de votre esprit et de votre caractère.

De Mme. ***.

Le 16 octobre 1761.

Quoi! Monsieur, vous qui possédez si bien la science du cœur, vous avez pu vous méprendre aux sentimens de ma Julie et aux miens! Il faut en vérité que cela soit, puisqu'il vous plaît de nous tenir une rigueur si mortifiante. Il n'est pas possible de supposer que nos lettres ne vous sont point parvenues; il l'est encore moins que vous ayez aucun lieu de douter de l'intérêt vif et sincère que nous prenons à votre santé; s'il nous a emporté jusqu'à combattre la résolution où vous paroissez être de succomber sous les douleurs, plutôt que d'employer le seul remède efficace, est-ce une raison pour nous bouder? Fi, rien n'est plus vilain; à peine le passeroit-on à un enfant gâté : c'est un procédé qui touche presque à l'ingratitude. Peut-être direz-vous, pour votre justification, qu'on vous menace de rompre tout commerce entre nous, si vous ne vous soumettez. Vous croyez bonnement que nous vous avons dit notre dernier mot, comme s'il n'eût jamais été permis à des femmes d'appeler de leur propre jugement, lorsqu'elles peuvent y rencontrer leur avantage. Je vous l'avoue, je ne reconnois point là St.-Preux, ou, s'il fut tel, votre Héloïse perd en ce moment à mes yeux une bonne partie de son mérite. Ne vous en déplaise, je mets fort au-dessus ma Julie, qui vous prie, qui même vous ordonne de la préférer au dessein de vous laisser mourir. Lisez, lisez attentivement ce qu'elle vous écrit; pesez chacune de ses réflexions, remontez au principe, et plaignez-vous, si vous l'osez. Ah! point de réponse. Non, je ne saurois en revenir; il n'y a que les alarmes que votre état actuel me donne, qui puissent suspendre mes justes reproches. Je ne vous en quitte pas, à moins que vous ne répariez promptement tous vos torts. Dans le vrai, nous sommes extrêmement inquiets de vous, Monsieur, et vous nous ferez le plus sensible plaisir de nous tranquilliser sans délai, par la voie indiquée de Mme. de Solar, au parc aux Cerfs, à Versailles.

P. S. Tenez, rougissez, mettez-vous à genoux, si vous êtes capable de remords. Au moment que je fermois ma lettre, écrite et prête à partir à l'insu de mon amie, j'en reçois une d'elle qui en renferme une pour vous, qu'elle me prie de vous envoyer ou de jeter au feu, à mon choix. J'aurois cru vous faire un larcin, de m'en tenir au dernier parti ; méritez donc celui que je prends.

De moi.

Aussi le 16 octobre 1761.

Eh! que vous ai-je fait, Monsieur, pour me refuser une réponse? Êtes-vous indigné de l'application que l'enthousiasme de l'amitié m'a faite d'un nom à qui vous avez donné la valeur d'un éloge? Une Julie telle que moi ne vous paroît-elle mériter aucun égard? La teinte de sentiment que j'ai mise dans ma première lettre, vous a-t-elle rebuté? N'est-ce que de l'esprit que vous voulez recevoir des hommages? Est-ce celui de Claire que vous avez favorisé? Vous ai-je paru trop ambitieuse, de souhaiter d'être traitée comme elle? Vous ai-je parlé trop franchement? La vérité ne peut-elle se flatter d'être bien reçue de vous, parce qu'elle blesse toujours votre modestie? Ou bien, êtes-vous plus malade? Quoique cette dernière raison de votre silence fût la plus supportable pour mon amour propre, c'est celle que je crains le plus. Mais ai-je besoin de chercher ailleurs qu'en moi-même, la cause de la désobligeante distinction que vous faites de moi?

J'y reconnois le caractère de mon étoile, rien ne me réussit.

Non comincia fortuna mai per poco
Quando un mortal si piglia à scherno e à gioco.

Adieu, Monsieur; pardonnez-moi de m'être accordé la satisfaction de vous faire partager la peine que vous me faites. Peut-être aurois-je dû me la refuser; mais qui n'attend rien des autres, est bien excusable de se permettre les consolations qu'il peut se procurer par soi-même.

A Mme. ***.

A Montmorency, le 19 octobre 1761.

Le plaisir que j'ai, Madame, de recevoir de vous une seconde lettre, seroit tempéré ou peut-être augmenté par vos reproches, si je pouvois les concevoir ; mais c'est à quoi je fais de vains efforts. Vous me parlez d'une lettre de votre amie ; je n'en ai point reçu d'autre que celle qui accompagnoit la vôtre du 16, et qui est de même date ; et cette lettre, ne vous déplaise, n'est point d'une femme, mais seulement d'un homme, ou *d'un ange*, ce qui est tout un pour mon dépit. Vous semblez vous plaindre de ma négligence à répondre, et plus je mérite ce reproche de toute autre part, plus votre ingratitude en augmente , puisque j'ai répondu à votre première lettre le surlendemain de sa réception, et que, par un progrès de diligence dont je me passerois bien, voilà que dès le lendemain je réponds à la seconde.

Le grand mal est qu'en vous donnant un homme pour ami, vous êtes restée femme ; et la tromperie est d'autant plus cruelle, que vous ne m'avez trompé qu'à demi. Deux hommes me feroient mille pareils tours, que je n'en ferois que rire ; mais je ne sais pourquoi je ne puis vous imaginer tête à tête avec *monsieur* Julie, concertant vos lettres et tout le persiflage adressé à la pauvre dupe, sans des mouvemens de colère, et, je crois, de quelque chose de pis; si, pour me venger, je voulois vous imaginer horrible, vous vous doutez bien que cela me réussiroit mal ; je me venge donc, au contraire, en vous imaginant si charmante, que comme que vous puissiez être, j'ai de quoi vous rendre jalouse de vous. Tout ce qui me déplaît dans cette vengeance est la peur de la prendre à mes dépens.

Nouvelle folie qu'il vous faut avouer. En lisant cette lettre désolante, en l'examinant par tous les recoins, pour y chercher cette chimérique Julie, que je ne puis m'empêcher de regretter presque jusqu'aux larmes, j'ai été découvrir que le timbre de la petite poste avoit fait impression au papier, à travers l'enveloppe, d'où j'ai conclu que l'auteur de cette lettre ne l'avoit point écrite dans votre chambre. Cette découverte a sur-le-champ désarmé ma furie ; et j'ai compris par-là que je vous pardonnois plutôt le complot de me tromper, que le tête à tête de l'exécution. Pour Dieu, Madame, vous qui devez faire des miracles, tolérez l'indiscrétion de ma prière; je vous demande à genoux de rechanger ce Monsieur en femme. Abusez-moi, mentez-moi; mais de grâce, refaites-en, comme vous pourrez, une autre Julie, et je vous donnerai à toutes deux les cœurs de mille St.-Preux dans un seul.

Quant aux lettres que vous dites m'avoir été précédemment écrites, et qu'il est, ajoutez-vous, impossible de supposer ne m'être pas parvenues, il ne faut pas, Madame, le supposer, il faut en être persuadée. Je n'ai point reçu ces lettres; si je les avois reçues, j'aurois pu n'y pas répondre, du moins sitôt, car je suis paresseux, souffrant, triste, occupé, et de ma vie je n'ai pu avoir d'exactitude dans les correspondances qui m'intéressoient le plus, mais je n'en aurois point nié la réception, et je n'aurois point désavoué mon tort. Je juge par le tour de vos reproches qu'il étoit question du soin de ma santé, et je suis touché de l'intérêt que vous voulez bien y prendre. Loin que mon dessein soit de mourir, c'est pour vivre jusqu'à ma dernière heure que j'ai renoncé aux impostures des médecins. Vingt ans de tourmens et d'expérience m'ont suffisamment instruit de la nature de mon mal et de l'insuffisance de leur art. Ma vie, quoique triste et douloureuse, ne m'est point à charge ; elle n'est point sans douceurs, tant que des personnes telles que vous me paroissez être, daignent y prendre intérêt ; mais lutter en vain pour la prolonger, c'est l'user et l'accourcir; le peu qui m'en reste m'est encore assez cher pour en vouloir jouir en paix. Mon parti est pris, je n'aime pas la dispute, et je n'en veux point soutenir contre vous ; mais je ne changerai pas de résolution. Adieu, Madame, ici finira probablement notre courte correspondance; jouissez du triomphe aisé de me laisser du regret à la finir. Je suis sensible, facile, et naturellement fort aimant ; je ne sais point résister aux caresses. D'une seule lettre vous m'aviez déja subjugué ; j'avoue aussi que votre feinte Julie ajoutoit beaucoup à votre empire ; et maintenant encore, que je sais qu'elle n'existe pas, son idée augmente le serrement de cœur qui me reste, en songeant au tour que vous m'avez joué.

CORRESPONDANCE

De Mme ***.

Le 24 octobre 1761.

En voici bien d'une autre. Oh! j'étranglerois M. de Chauvelin et tous ses commis, si je les tenois; oui, je me délecterois à leur broyer les os. J'envoie à ce moment mettre à la question tous ces gens-là. Si nos lettres se retrouvent, vous les aurez en propre original, et si elles ne se retrouvent pas, vous aurez les copies que nous avions, Julie et moi, exigées l'une de l'autre. Elle veut que vous ayez la mienne; je veux, moi, à bien plus juste titre, que vous ayez la sienne, et sûrement ce paquet-ci vous parviendra, à moins que notre ambassadeur ne meure en chemin. C'est pour le coup que vous prendrez ma Julie femelle pour un mâle; plus vous verrez de son style, plus vous y trouverez ce nerf qui en impose. J'admire la petite vanité de ces messieurs, qui font un synonyme d'un homme et d'un ange. Je le pardonnerois au vulgaire; mais j'ai de la peine à le passer au grand, au sublime Rousseau, qui sait si bien dire que les *ames n'ont point de sexe*. Non,

Monsieur, elles n'en ont point, soyez-en toujours persuadé! Julie joint à toutes les grâces du sien, toute la solidité du vôtre; la nature s'est épuisée à rassembler en elle les perfections des deux, et à écarter d'elle la frivolité de l'un et la férocité de l'autre. Je ne puis pas vous la montrer, puisqu'elle ne veut pas être vue; mais si vous voulez venir à Paris, je vous montrerai seulement son pied à travers une chattière, et vous conviendrez que ce joli *peton* n'appartient pas à un homme. J'avoue que moi, qui vois depuis long-temps presque tous les jours ce rare assemblage, j'en suis encore si étonnée, que je ne saurois pas plus que vous à quoi m'en tenir, si *monsieur* Julie n'avoit pensé mourir en couche. Vous voilà convaincu, j'espère; à moins que, par opiniâtreté, vous n'alliez vous mettre en cervelle que la hache de Vulcain s'en est mêlée. Il est encore force Vulcains dans le monde, mais il n'est plus de Jupiter. Ce qui m'enchante, c'est que vous preniez les femmes pour des hommes, et les hommes pour des femmes; car enfin, je m'étois promis de vous en faire l'aveu un jour ou l'autre, attendu que je ne veux pas me parer des plumes du paon, et voici le cas, ou jamais, de cet aveu:

ma troisième lettre, qui est la seconde que vous ayiez reçue, étoit toute entière de mon mari, excepté le *Post-Scriptum.* Voici comment : Voyant Julie véritablement affligée de votre silence, nous imaginâmes lui et moi, de vous en demander raison ; je dis que cela m'embarrassoit, parce que j'avois annoncé que mon dernier mot étoit de ne vous plus écrire, si vous ne me promettiez de travailler à la conservation de vos jours. Lui de combattre mon scrupule, moi de le soutenir; lui d'insister, moi de ne pas en démordre. Enfin, mon homme (ces messieurs sont maîtres) prend la plume, griffonne la lettre que vous avez vue, et le pistolet sous la gorge, me force à la copier; notez que ses pistolets sont des suppliques affectueuses : le moyen de tenir à cela ! Non, je ne sais rien de si despotique que ces diables de gens qui n'exigent jamais. Admirez le bon caractère de mon mari, il n'est pas plus humilié d'être pris pour une femme, que Julie n'est vaine d'avoir été prise pour un homme. Cela ne prouve-t-il pas un peu, qu'en effet les ames n'ont point de sexe? Cette petite chienne s'est emparée de votre lettre; je ne l'ai pas sous les yeux pour y répondre à ma fantaisie; elle s'en charge : vous y gagnerez de toute façon. Adieu, Monsieur, je n'ose combattre en vous un parti pris ; mais votre résolution me désole. Je ne vous ferai pas moins le sacrifice de la mienne, tant que vous ne vous ennuierez pas de mon bavardage. Fière des moindres rapports que je puisse avoir avec Claire, je ne veux pas vous laisser ignorer que je me donne les airs d'avoir comme elle une fille unique, qui se nomme Henriette, et qui appelle *monsieur* Julie sa belle maman : *n'est-ce pas là, ma sœur, tousser et cracher comme elle.*

De moi.

Le 25 octobre 1761.

JE n'ai point l'esprit de détail, et je crains bien de me tirer fort mal de celui que j'ai à vous faire, Monsieur; mais ce n'est pas ici le moment d'écouter les conseils de ma vanité; un intérêt qui m'est bien plus cher qu'elle, m'oblige à jeter le plus grand jour sur mes projets et ma conduite à votre egard. Ainsi, au risque de m'expliquer mal, de vous ennuyer, et d'essuyer encore le plus mortifiant refus, je vais vous rendre un compte fidèle, et de ce que j'ai fait, et de ce que je pense par rapport à vous.

En conséquence de votre première réponse, qui étoit bien capable d'encourager ma Claire à continuer un commerce auquel vous vous prêtiez avec tant de grâces, elle vous récrivit une lettre, par laquelle elle vous prioit de faire tous vos efforts pour prolonger vos jours, et cette lettre étoit elle-même un lien de plus pour vous attacher à la vie. J'osai y en joindre une : je ne vous dirai point ce qu'elle contenoit, les choses que je dis ne veulent pas être dites deux fois. Ces deux lettres furent portées, sous la même enveloppe, mardi 6 de ce mois, chez M. de Chauvelin. Je ne sais quel hasard malheureux pour nous a empêché qu'elles ne parvinssent jusqu'à vous ; mais, quoique la légèreté de vos soupçons sur ma bonne foi m'autorisât à douter de la vôtre, je crois que vous ne les avez pas reçues. Je vous les envoie, ces lettres, afin de vous corriger ou de vous punir. Nous en avions gardé copie, parce que nous nous sommes promis, ma Claire et moi, de nous confier réciproquement des doubles de tout ce que nous vous écririons ; et voilà le seul accord qu'il y ait entre nous, relativement à nos lettres. N'ayant pas l'avantage de demeurer ensemble, nous les écrivons séparément, sans aucune communication d'idées, et nous ne nous les communiquons qu'à l'instant où elles partent, le plus souvent même sans nous voir.

Je suis femme, Monsieur, et je n'ai point la ridicule prétention de m'élever au-dessus de ma sphère. Être honnête femme dans tous les sens, me paroît une tâche assez honorable, quand elle est bien remplie : je ne veux rien de moins ni rien de plus ; et je ne crois pas m'être écartée, dans le peu que vous avez vu de moi, du caractère de douceur, de simplicité et de modestie qui convient à ce titre. Je serois sensiblement offensée de votre prétendue incrédulité, si je pouvois la regarder comme une censure de mes démarches, et s'il n'étoit pas clair qu'elle n'est que le prétexte de votre silence. Vous paroissez douter que je sois femme, afin de vous dispenser vis-à-vis de moi, des égards que votre sexe doit au mien (égards trop achetés toutefois pour être contestés); et ce n'est que pour avoir moins à rougir de me jouer, que vous feignez de croire que je vous joue. Mais permettez-moi de vous le dire, Monsieur, vos jeux sont trop cruels pour être considérés comme les délassemens d'une belle ame : celle qui s'occupe à faire du bien, ne s'amuse point à faire du mal, et vous m'en avez fait. Oui, vous en pouvez jouir, rien de ce qu'il peut y avoir de désobligeant pour moi dans la métamorphose que vous demandez, n'échappe à ma sagacité. Cependant je ne m'en plains pas; mon cœur n'est point de ceux qui s'irritent, et je ne dirai point: *Mon objet étoit que M. Rousseau m'écrivît ; mon coup est manqué ; il refuse obstinément de m'écrire ; que ce soit parce qu'il craint que je ne sois trop aimable, ou parce qu'il croit que je ne le suis pas assez*, c'est tout un pour mon dépit. Eh bien! Monsieur, me ferez-vous l'honneur de me répondre? Vous résoudrez-vous à déterminer à mon avantage la signification de toutes les phrases équivoques que renferme votre dernière lettre à mon amie? Mon estime pour vous m'est si précieuse, que je tremble d'ajouter, par mes instances, à des torts dont l'accumulation l'affoibliroit sans doute; ainsi je ne vous presserai plus. Adieu, Monsieur; la perte des deux lettres dont je joins les copies à celle-ci, me décide à vous envoyer un exprès. Il a ordre de coucher Montmorenci, si vos occupations vous empêchent de répondre tout de suite; car au moins vous répondrez à Claire; vous ne démentirez pas une préférence qui, sans l'opinion que j'ai de la sûreté de votre tact, me feroit croire que vous nous avez devinées. Adieu, je vous le dis encore, et pour raison, j'ai expressément défendu au porteur de cet énorme paquet, de vous dire qui je suis; je vous prie de ne point tenter sa fidélité. Eh! que vous serviroit-il, que vous auroit-il servi de me connoître? Vous m'auriez plus directement blessée, mais je ne l'aurois pas mieux senti.

De moi à Mme. ✱✱✱.

Le 26 octobre 1761.

Le zèle de D...., qui a voulu aller à pied à Montmorenci, est cause, ma Claire, que nos dépêches ne sont pas parties ; car il fait un temps à ne pas mettre un chien à la porte. Mais je l'emporterai ; il partira à cheval, et cela demain matin. Je t'envoie la lettre de notre oracle, et la chétive réponse que j'y fais. Il rira bien de ton épître, s'il en rit autant que moi ; elle est originale, écrite à *miracle*, et contrastera merveilleusement avec le ton lamentable de la mienne. Tu viendras, s'il te plaît, dîner mardi avec moi ; par ce moyen, tu seras vraisemblablement au débotté de notre courrier. Rapporte-moi les deux lettres que je te confie ; ton mari aura d'ici là, le tems de les copier. J'aime beaucoup ta recommandation de ne te rien escamoter : la disette ne me rend point voleuse, Mademoiselle, et votre trésor est tout entier sous l'enveloppe qui renferme mon *denier de veuve*. Ainsi, point de mauvaises plaisanteries sur le besoin que j'ai de richesses d'autrui.

Aux inséparables, Hommes ou Femmes.

Il faut l'avouer, Messieurs ou Mesdames, me voilà tout aussi fou que vous l'avez voulu. Votre commerce me devient plus intéressant qu'il ne convient à mon âge, à mon état, à mes principes. Malgré cela, mes soupçons mal guéris ne me permettent plus de le continuer sans défiance. Voilà pourquoi je n'écris point nommément à Julie, parce qu'en effet si elle est ce que vous dites, ce que je desire, ou plutôt ce que je dois craindre, l'offense est moindre de ne lui point écrire, que de lui écrire autrement qu'il ne faudroit. Si elle est femme, elle est plus qu'un ange, il lui faut des adorations; si elle est homme, cet homme a beaucoup d'esprit; mais l'esprit est comme la puissance, on en abuse toujours quand on en a trop. Encore un coup, ceci devient trop vif pour continuer l'anonyme. Faites-vous connoître, ou je me tais : c'est mon dernier mot.

Ce lundi soir.

De moi.

Le 28 octobre 1761.

Pour cette fois, Monsieur, vous m'écrirez *nommément*, ou vous n'écrirez point du tout ; du moins je ne présume pas que vous poussiez le soin de m'affliger jusqu'à répondre à Claire, quand c'est moi qui vous écris. Cette complaisante amie veut bien me laisser cette dernière ressource, et suspendre pour un temps, le ressentiment qu'excite en elle l'outrage que vous faites à ma sincérité ; car, dans notre liaison, comme dans celle de vos héroïnes, c'est Claire qui est utile à Julie.

Dans quelque classe que votre imagination me range, vous me voyez sous le jour le plus désavantageux ; je vous parois une femme imprudente, ou homme impertinent ; l'alternative n'est assurément pas flatteuse, et l'humeur qui éclate dans votre lettre, prouve bien que, qui que je sois, je ne suis pas ce qu'il faudroit être, pour obtenir quelque chose de vous. J'avoue que j'ai tort, mais ce n'est pas à vous à vous en plaindre. A qui ai-je nui, en m'y prenant assez gauchement pour donner lieu à votre défiance ? C'est certainement à moi, puisque ma maladresse m'a valu de votre part des procédés presque durs. Ne pensez pas pourtant que je croie les avoir mérités : non, des intentions très-innocentes m'ont conduite à une démarche que j'ai cru l'être aussi ; elle a produit des effets auxquels je ne pouvois pas m'attendre : c'est vous qui avez fait tout le mal, et c'est sur moi qu'il est tombé. Quelque choquante que soit votre conduite à mon égard, j'aimerois bien mieux avoir à vous en gronder, qu'à la pardonner à la tristesse de votre situation. Je suis cependant peut-être la seule auprès de qui elle pût vous excuser ; car enfin, le malaise qui vous rend les objets ou désagréables, ou insipides, ne change pas leur nature : pour être souffrant, on n'est pas dispensé d'être juste ; et l'obligation en est encore plus étroite pour vous que pour tout autre, si l'on doit à proportion de ce que l'on promet. Quoi ! vous êtes à l'épreuve de la persuasion ! Vous ne voulez ni me croire, ni m'écrire ! L'ame qui se montre dans vos ouvrages n'est donc pas la vôtre ! C'est donc à de fausses apparences que j'ai accordé l'estime la plus vraie ? Mon culte, que j'ai cru si pur, n'étoit donc qu'une idolâtrie ; et comment un cœur qui paroît si fait aux sentimens honnêtes, peut-il être insensible au respectable intérêt que vous m'avez inspiré ? Ne vouloir ni me croire, ni m'écrire !...... Mais que trouvez-vous donc dans ce que je vous ai adressé, de si supérieur à l'idée que vous avez des femmes, pour vous obstiner à douter que je le sois ? Les femmes ne peuvent-elles connoître le mérite, le chérir, le chercher ? Les entraves qu'on leur a mises doivent-elles resserrer leurs lumières et leurs sentimens ; ou, en leur permettant d'appercevoir le bien, leur a-t-on défendu de l'aimer ? La tyrannie des préjugés s'étend-elle en un mot sur les plus précieuses facultés de l'ame ? Vous m'apprenez que mon goût pour les grands talens peut être malheureux, mais rien ne me persuadera qu'il soit condamnable. Je suis femme, Monsieur ; malgré cela, je sacrifie mon amour-propre à celui de tous les hommes qui l'a le plus maltraité. Votre état m'affecte encore plus que vos injustices ne me blessent ; je vais vous le prouver. Vous paroissez avoir la plus grande envie de savoir qui je suis ; si vous voulez acquiescer à la proposition que j'ai à vous faire, je vous jure que la joie de vous avoir servi, arrachera le masque qui me cache à vos yeux ; et ce qui vous paroîtra bien plus intéressant encore, ma Claire se fera connoître aussi. Pour acheter deux avantages, dont l'un est important par lui-même, et l'autre par le prix que vous y mettez, il ne vous en coûtera que de consentir à voir un homme, dont j'espère tout pour votre santé. Il a fait, à ma connoissance, des cures plus étonnantes que ne le seroit la vôtre ; je suis sûre de sa capacité, de sa prudence et de son désintéressement. Mais ce n'est pas vis-à-vis de vous que je prétends faire valoir cette dernière qualité : il n'y a point d'hommes au monde qui ne dût croire son zèle et ses soins suffisamment récompensés, par le seul bonheur de vous avoir été utile. Je vous en conjure, Monsieur, consentez à le voir, vous ne risquez rien. Il est aussi éloigné des dangereuses hardiesses de la charlatanerie, que de la trop servile observation des règles ; et, s'il ne juge pas que son art parvienne à vous guérir, il vous le dira avec toute la franchise qui convient à la fermeté de votre caractère. Ma proposition vous révolte, je crois le voir, et j'en gémis. Mais quelles bonnes raisons pouvez-vous m'opposer ? Si vous êtes désabusé des médecins, l'êtes-vous aussi de cette tendre condescendance aux desirs des autres, qui doit être la disposition habituelle d'un bon cœur? Oubliez pour un instant vos répugnances, vos maux même et votre constance à les souffrir, ne vous occupez que de moi; regardez le consentement que je vous demande, comme un acte de complaisance absolument indifférent pour vous, et qui dissipera les inquiétudes d'une femme, bien plus digne (quoi que vous en pensiez) des déférences de votre estime, que des soupçons dont vous l'accablez. Je ne vous dis rien que ma Claire ne le pense, et qu'elle ne vous l'eût dit aussi, sans la généreuse cession qu'elle m'a faite de ses droits. Ce que je sollicite comme une grâce, peut-être me le devez-vous à titre de réparation ; et puis, je vous le déclare, votre sort est entre vos mains, relativement à ce qui me concerne. Jamais vous n'entendrez parler de moi; vous ignorerez toujours qui a si sincèrement pris part à vos souffrances, si, négligeant de mériter de le savoir, vous terminez notre commerce par un refus, plus douloureux pour moi que tous les autres, puisque c'est à vous qu'il seroit nuisible. Adieu, Monsieur; adressez-moi, s'il vous plaît, votre réponse, par la voie de Mme. de Solar, et songez que cette répouse me fera le plus grand plaisir ou la plus grande peine. Non, je ne puis me faire à vous voir douter de mon sexe et accuser ma bonne foi. Je suis une femme, et je vous dis vrai, ou je suis un monstre : jamais le projet de vous duper n'est entré dans la tête d'un homme d'esprit. Il faut encore que je vous dise que je n'ai aucun *abus d'esprit* à me reprocher. Pouvez-vous vous rendre le même témoignage ?

30 octobre 1761.

A Julie.

Je joindrois une épithète, si j'en savois quelqu'une qui pût ajouter à ce mot.

Oui, Madame, vous êtes femme, j'en suis persuadé ; si, sur les indices contraires que je vous dirai quand il vous plaira, je m'obstinois après vos protestations, à en douter encore, je ne ferois plus de tort qu'à moi. Cela posé, je sens que j'ai à réparer près de vous toutes les offenses qu'on peut faire à quelqu'un qu'on ne connoît que par son esprit; mais ce devoir ne m'effraie point, et il faudra que vous soyiez bien inexorable, si la disposition où je suis de m'humilier devant vous ne vous appaise pas. D'ailleurs, vous vous trompez fort, quand vous regardez votre amour-propre comme offensé par mes doutes; la frayeur que j'avois qu'ils ne fussent fondés vous en venge assez, et pensez-vous que ce ne fût rien, quand vous avez osé prendre ce nom de Julie, de n'avoir pu vous le disputer.

La condition sous laquelle vous daignez satisfaire l'empressement que j'ai de savoir qui vous êtes, me confirme qu'il vous est bien dû. Je vous rends donc justice; mais vous ne me la rendez pas, quand vous me supposez plus curieux que sensible. Non, Madame, ce que je n'aurois pas fait pour vous complaire, je ne le ferois pas pour vous connoître, et je ne vous vendrois pas un bien que vous voulez me faire, pour en arracher un *plus grand* malgré vous. Je suppose que l'homme que vous voulez que je voie est le frère Côme, dont vous m'avez parlé précédemment ; si la chose étoit à faire, je vous obéirois, et vous resteriez inconnue ; mais l'amitié a prévenu l'humanité. M. le maréchal de Luxembourg exigea l'été dernier que je le visse ; j'obéis, et il l'a fait venir deux fois. Le frère Côme a fait ce que n'avoit pu faire avant lui nul homme de l'art ; je n'ai rien vu de lui qui ne soit très-conforme à sa réputation et au jugement que vous en portez; enfin, il m'a délivré d'une erreur fâcheuse, en vérifiant que mon mal n'étoit point celui que je croyois avoir. Mais celui que j'ai n'en est ni moins inconnu, ni moins incurable qu'auparavant, et je n'en souffre pas moins depuis ses visites ; ainsi, tous les soins humains ne servent plus qu'à me tourmenter. Ce n'est sûrement pas votre intention qu'ils aient cet usage.

Vous me reprochez l'abus de l'esprit qu'en vous supposant homme j'avois cru voir dans vos lettres. J'ignore si cette imputation est fondée, mais je n'ai jamais cru avoir assez d'esprit pour en pouvoir abuser, et je n'en fais pas assez de cas pour le vouloir. Mais il est vrai que dans l'espèce de correspondance qu'il vous a plu d'établir avec moi, l'embarras de savoir que dire a pu me faire recourir à de mauvaises plaisanteries qui ne me vont point, et dont je me tire toujours gauchement. Il ne tiendra qu'à vous, Madame, et à votre aimable amie, de connoître que mon cœur et ma plume ont un autre langage, et que celui de l'estime et de la confiance ne m'est pas absolument étranger. Mais vous qui parlez, il s'en faut beaucoup que vous soyez disculpée auprès de moi sur ce chapitre ; et je vous avertis que ce grief n'est pas si léger à mon opinion, qu'il ne vaille la peine d'être d'abord discuté, et puis tout-à-fait ôté d'une correspondance continuée.

Après ma lettre pliée, je m'apperçois qu'on peut lire l'écriture à travers le papier, ainsi je mets une enveloppe.

De moi.

Le 5 novembre 1761.

Non, Monsieur, ce n'est point du frère Côme que j'ai voulu vous parler : il est trop célèbre pour que j'aie pu penser qu'entre toutes les personnes recommandables qui doivent s'intéresser à vous, aucune n'eût exigé de votre amitié que vous le consultassiez. L'homme que je desirerois que vous vissiez, quoique bien moins connu que lui, le sera bientôt davantage, si vous voulez vous confier à ses soins ; et sa réputation sera d'autant plus flatteuse, qu'elle aura pour fondement la reconnoissance publique. Mes espérances, à cet égard, ne sont pas sans un appui capable de les justifier : M. Sarbourg a opéré plus d'une guérison que le frère Côme n'avoit pas voulu entreprendre. Vous voyez bien, Monsieur, que je ne suis pas dans le cas de rien rabattre de mes prétentions; que rien ne vous dispense de céder à mes instances ; et que vous vous êtes fort trompé, si vous avez cru pouvoir paroître soumis, sans que cela tirât à conséquence. Je dis plus, l'opinion où vous étiez que c'étoit le frère Côme que j'avois en vue, vous a peut-être mené plus loin que vous ne vouliez aller; mais il est constant, que, par la tournure de votre lettre, vous reconnoissez un engagement, et vous en contractez un autre. Convenir que vous avez bien des torts à réparer vis-à-vis de moi, c'est vous engager à faire tout ce que je pourrai prendre pour une réparation; et, après m'avoir assuré que vous verriez le frère Côme, à ma prière, si vous ne l'aviez pas vu, refuser de voir l'homme que je vous propose, ce seroit revenir indignement sur vos pas. Ainsi, Monsieur, vous n'en êtes pas quitte; vous consentirez à voir M. Sarbourg; vous me l'écrirez, et je vous l'enverrai : ou je reste pour jamais dans les ténèbres, d'où vous pouvez me faire sortir d'un seul mot. En vérité, si j'avois le cœur de rire, je rirois, même en vous la faisant, de la menace que je vous fais. Il est bien important pour vous, à qui si peu de choses importent, qui n'êtes pas *curieux*, et qui ne pouvez pas être *sensible*, jusqu'à un certain point, à un intérêt que vous inspirez à tout le monde, il est bien important pour vous, dis-je, de savoir qui je suis! D'ailleurs, quelque déterminée que je sois à remplir les conditions de notre marché, cela ne me paroît pas trop facile : car, enfin, si mon mari n'a pas l'honneur d'être connu de vous, ce qui pourroit fort bien être, malgré ce que j'en ai pensé, vraisemblablement je me nommerai, sans cesser de garder l'anonyme.

Je n'ai point *osé prendre* le nom de Julie, Monsieur (ceci est un chapitre sur lequel il ne faut pas équivoquer), je vous l'ai dit, c'est mon amie qui me l'a donné. L'amitié a ses erreurs, comme les autres sentimens; mais elles sont toujours pardonnables, et ne peuvent jamais être dangereuses, quand elles sont aussi visibles que l'est celle-ci. Oser prendre le nom de Julie! ce seroit renoncer à le mériter. Quoique je ne manque pas d'estime pour moi, je ne me mettrai jamais à côté d'une femme, à qui toutes vos affections étoient réservées, ou dont vous avez à plaisir imaginé le caractère.

Vous m'obligerez infiniment de vouloir bien me dire sur quels *indices*, *flatteurs ou non*, vous m'avez prise pour un homme, et sur quoi portoit la *frayeur* que vous aviez que vos doutes ne fussent fondés. Vous me laissez trop à souhaiter ; car je souhaite de savoir tout ce que vous pensez de moi : j'y trouverai des encouragemens et des leçons, que l'opinion que j'ai de vous pourra me rendre bien utiles. Oh! je regretterai éternellement de vous avoir écrit trois fois, sans que vous en ayez tenu compte. Quelqu'énergique que l'on soit, on ne répond point dans les bornes ordinaires d'une lettre, à tout ce que dix pages, que l'esprit n'a pas dictées, contiennent de choses qui méritent réponse. Me voilà, je crois, disculpée de l'accusation d'abuser de mon esprit, et même d'en avoir : à moins qu'il ne vous plaise encore de m'en accorder, pour me contester ce que je prise cent fois plus, et ce que je possède, l'habitude de dire vrai. Assurément, si j'avois de l'esprit, si j'en faisois cas, si je croyois qu'il fût un droit à la considération, qu'on dût même y prendre garde, chez une personne qui a beaucoup mieux, ce seroit à vous que j'aurois voulu en montrer; et je ne vous dirois pas que vous avez reçu de moi dix pages que l'esprit n'a pas dictées. Adieu, Monsieur. J'aurois eu l'honneur de vous écrire plutôt, sans un évènement fâcheux qui est arrivé ces jours-ci dans ma famille, et qui a demandé de moi des soins, qui devoient avoir la préférence sur mes plaisirs. Cela est encore vrai. Tout ce que je vous ai dit l'étoit, et tout ce que je vous dirai le sera. Ne croyez pas que ma Claire, qui sait se faire pardonner d'avoir infiniment d'esprit, veuille se priver pour toujours des charmes de votre commerce. Elle consent à me laisser achever son entreprise ; mais, quand vous m'aurez donné votre consentement, nous vous écrirons toutes deux, et j'en serai bien aise, parce que vous lui dites pour moi des choses plus satisfaisantes qu'à moi.

Toujours par Mme. de Solar.

Je vous demande en grâce de permettre que j'affranchise cette lettre. On m'a assuré qu'elles parvenoient plus sûrement.

A Julie.

A Montmorenci, le 10 novembre 1761.

Je crois, Madame, que vous avez deviné juste, et que je me serois moins avancé, à l'égard de l'homme en question, si, malgré ce que m'avoit écrit votre amie, j'avois cru que ce ne fût pas le frère Côme. Non, ce me semble, par le desir de me faire honneur d'une déférence que je ne voulois pas avoir, mais parce qu'avant d'avoir vu le frère Côme, il me restoit à faire un dernier sacrifice, que vous eussiez sans doute obtenu, quoique j'en susse le désagrément et l'inutilité. Maintenant qu'il est fait, ce sacrifice a mis le terme à ma complaisance, et je ne veux plus rien faire, à cet égard, que ce que j'ai promis. Je ne me souviens pas de ma lettre; mais soyez vous-même juge de cet engagement: si je ne suis tenu à rien, je ne veux rien accorder; si vous me croyez lié par ma parole, envoyez M. Sarbourg, il sera content de ma docilité! Mais, au reste, de quelque manière que se passe cette entrevue, elle ne peut aboutir de sa part qu'à un examen de pure curiosité; car, s'il osoit entreprendre ma guérison, je ne serois pas assez fou pour me livrer à cette entreprise, et je suis très-sûr de n'avoir rien promis de pareil. J'ai senti dès l'enfance les premières atteintes du mal qui me consume; il a sa source dans quelque vice de conformation né avec moi; les plus crédules dupes de la médecine ne le furent jamais, au point de penser qu'elle pût guérir de ceux-là. Elle a son utilité, j'en conviens; elle sert à leurrer l'esprit d'une vaine espérance; mais les emplâtres de cette espèce ne mordent plus sur le mien.

A l'égard de la promesse conditionnelle de vous faire connoître, je vous en remercie; mais je vous en relève, quelque parti que vous preniez au sujet de M. Sarbourg. En y mieux pensant, j'ai changé de sentiment sur ce point; si, selon votre manière d'interpréter, vous trouvez encore là une indifférence désobligeante, ce ne sera pas en cette occasion que je vous reprocherai trop d'esprit. Mon empressement de savoir qui vous êtes, venoit de ma défiance sur votre sexe; elle n'existe plus; je vous crois femme, je n'en doute point, et c'est pour cela que je ne veux plus vous connoître; vous ne sauriez plus y gagner, et moi j'y pourrois trop perdre.

Ne croyez pas, au reste, que jamais j'aie pu vous prendre pour un homme ; il n'y a rien de moins alliable que les deux idées qui me tourmentoient : j'ai seulement cru vos lettres de la main d'un homme; je l'ai cru, fondé sur l'écriture, aussi liée, aussi formée que celle d'un homme ; sur la grande régularité de l'orthographe ; sur la ponctuation plus exacte que celle d'un prote d'imprimerie ; sur un ordre que les femmes ne mettent pas communément dans leurs lettres, et qui m'empêchoit de me fier à la délicatesse qu'elles y mettent, mais que quelques hommes y mettent aussi ; enfin, sur les citations italiennes, qui me déroutoient le plus. Le temps est passé des Bouillons, des la Suze, des la Fayette, des dames françaises qui lisoient et aimoient la poésie italienne. Aujourd'hui, leurs oreilles racornies à votre opéra, ont perdu toute finesse, toute sensibilité : ce goût est éteint pour jamais parmi elles.

Neppiù il vestigio appar, ne dir si può
Egli qui fue.

Ajoutez à tout cela certain petit trait accolé de deux points, qui finit toutes vos lettres, et qui me fournissoit un indice décisif au gré de ma pointilleuse défiance. Où diantre avez-vous aussi pêché ce maudit trait qu'on ne fit jamais que dans des bureaux, et qui m'a tant désolé? Charmante Claire, examinez bien la jolie main de votre amie; je parie que ses petits doigts ne sauroient faire un pareil trait sans contracter un durillon. Mais ce n'est pas tout ; vous voulez savoir sur quoi portoit aussi ma frayeur que cette lettre ne fût de la main d'un homme : *c'est que votre Claire vous avoit donné la vie, et que cet homme-là vous tuoit.*

Il est vrai, Madame, que je n'ai pas répondu à vos dix pages, et que je n'y répondrois pas en cent. Mais, soit que vous comptiez les pages, les choses, les lettres, je serai toujours en reste; et, si vous exigez autant que vous donnez, je n'accepte point un marché qui passe mes forces. Je ne sais par quel prodige j'ai été jusqu'ici plus exact avec vous, que je ne connois point, que je ne le fus de ma vie avec mes amis les plus intimes. Je veux conserver ma liberté jusque dans mes attachemens ; je veux qu'une correspondance me soit un plaisir et non pas un devoir : je porte cette indépendance dans l'amitié même ; je veux aimer librement mes amis pour le plaisir que j'y prends; mais, sitôt qu'ils mettent les services à la place des sentimens, et que la reconnoissance m'est imposée, l'attachement en souffre, et je ne fais plus avec plaisir ce que je suis forcé de faire. Tenez-vous cela pour dit, quand vous m'aurez envoyé votre M. Sarbourg. Je comprends que vous n'exigerez rien, c'est pour cela même que je vous devrai davantage, et que je m'acquitterai d'autant plus mal. Ces dispositions me font peu d'honneur, sans doute; mais les ayant malgré moi, tout ce que je puis faire, est de les déclarer : je ne vaux pas mieux que cela. Revenant donc à nos lettres, soyez persuadée que je recevrai toujours les vôtres et celles de votre amie, *avec quelque chose de plus que du plaisir*, qu'elles peuvent charmer mes maux et parer ma solitude; mais, que quand j'en recevrois dix de suite sans faire une réponse, et que vous écrivant enfin, au lieu de répondre article par article, je suivrois seulement le sentiment qui me fait prendre la plume, je ne ferois rien que j'aie promis de ne pas faire, et à quoi vous ne deviez vous attendre.

C'est encore à-peu-près la même chose à l'égard du ton de mes lettres. Je ne suis pas poli, Madame; je sens dans mon cœur de quoi me passer de l'être, et il y *surviendra bien du changement, si jamais je suis tenté de l'être avec vous.* Voyez encore quelle interprétation votre bénignité veut donner à cela, car pour moi je ne puis m'expliquer mieux. D'ailleurs, j'écris très-difficilement quand je veux châtier mon style : j'ai par-dessus la tête du métier d'auteur; la gêne qu'il impose est une des raisons qui m'y font renoncer. A force de peine et de soin, je puis trouver enfin le tour convenable et le mot propre; mais je ne veux mettre ni peine ni soins dans mes lettres; j'y cherche le délassement d'être incessamment vis-à-vis du public; et, quand j'écris avec plaisir, je veux écrire à mon aise. Si je ne dis ni ce qu'il faut, ni comme il faut, qu'importe ? Ne sais-je pas que mes amis m'entendront toujours ; qu'ils expliqueront mes discours par mon caractère, non mon caractère par mes discours; et que si j'avois le malheur de leur écrire des choses malhonnêtes, ils seroient sûrs de ne m'avoir entendu, qu'en y trouvant un sens qui ne le fût pas? Vous me direz que tous ceux à qui j'écris ne sont ni mes amis, ni obligés de me connoître. Pardonnez-moi, Madame; je n'ai ni ne veux avoir de simples connoissances ; je ne sais, ni ne veux savoir comment on leur écrit. Il se peut que je mette mon commerce à trop haut prix, mais je n'en veux rien rabattre, *surtout avec vous, quoique je ne vous connoisse pas*, car je présume qu'il m'est plus aisé de vous aimer sans vous connoître, que de vous connoître sans vous aimer. Quoi qu'il en soit, c'est ici une affaire de convention : n'attendez de moi nulle exactitude, et n'allez plus épiloguant sur mes mots. Si je ne vous écris ni régulièrement, ni convenablement, je vous écris pourtant : cela dit tout, et corrige tout le reste. Voilà mes explications, mes conditions ; acceptez ou refusez, mais ne marchandez pas ; cela seroit inutile.

Je vois par ce que vous me marquez, et par la couleur de votre cachet, que vous avez fait quelque perte ; et je sais par votre amie que vous n'êtes pas heureuse : c'est peut-être à cela que je dois votre commisération et l'intérêt que vous daignez prendre à moi. L'infortune attendrit l'ame ; les gens heureux sont toujours durs. Madame, *plus le cas que je fais de votre bienveillance augmente, plus je la trouve trop chère à ce prix.*

Je vous dirai une autrefois ce que je pense de l'affranchissement de votre lettre, et de la mauvaise raison que vous m'en donnez. En attendant, je vous prie, par cette raison même, de ne plus continuer d'affranchir, c'est le vrai moyen de faire perdre les lettres. Je suis à présent fort riche, et le serai, j'espère, long-temps *pour cela*; tout ce que j'ôte à la vanité dans ma dépense, *c'est pour le donner au vrai plaisir*.

*De Mme. ***.*

Le 14 novembre 1761.

Barbare! rendez-moi ma Julie : elle n'est malade que de vos contrariétés qui lui ont allumé le sang. Julie vous aime, Monsieur,

> » Non d'un amour conçu par les sens en tumulte,
> » A qui l'ame applaudit sans qu'elle se consulte,
> » Et qui, ne connoissant que d'aveugles desirs,
> » Languit dans l'espérance, et meurt dans les plaisirs.
> » Sa passion pour vous, généreuse et solide,
> » A la vertu pour ame, et la raison pour guide;
> » Pour objet le mérite, etc.

Si Julie étoit impératrice et libre, la suite de cette tirade qui vous est sûrement connue, iroit au sujet aussi bien que le commencement. Partez de là pour juger si vous ne pourriez pas contribuer au rétablissement de sa santé, en vous prêtant à celui de la vôtre. Je n'examine point si vous avez engagé votre parole ou non. Julie est malade; puis-je approfondir, et voir clair dans quelque chose? D'ailleurs, vous l'auriez donnée cette parole, ou toute autre, que je vous la rendrois, si vous étiez capable de vouloir la reprendre. Il ne s'agit donc pas ici des engagemens que vous avez eu l'imprudence de prendre, ou l'adresse d'esquiver. Il est question que vous veniez à notre secours en allant au vôtre. Quand je vous ai proposé le frère Côme, c'est que jugeant par les discours du public que vous n'aviez voulu voir personne jusqu'à ce moment, il me paroissoit plus convenable de vous proposer un homme connu universellement, qu'un qui ne l'est encore que médiocrement. Ce dernier a fait cependant sous mes yeux trois cures miraculeuses, mais qui n'étant point d'éclat, ne l'ont pas tiré d'une espèce de néant, dont on ne sort qu'en travaillant à la cour, ou dans la haute finance. Ce n'est point par obstination que vous refusez de le consulter ; ce n'est point par obstination non plus que j'insiste encore à vous l'envoyer. Me permettrez-vous, toute brouillée qu'est ma pauvre tête, d'essayer de raisonner avec vous sur ce sujet ? Ne se pourroit-il pas que le frère Côme, quelque célèbre qu'il soit pour les maux attachés à l'humaine nature, n'eût rien connu au vôtre, qui peut être d'un genre plus rare ; et que le trouvant au-dessus de ses lumières, il ait imaginé, pour l'honneur de son art, de dire qu'il dérive d'un vice de conformation, qui le rend incurable? Si la chose est ainsi, seroit-il donc impossible que Sarbourg, par des lumières plus distinctes, par bonheur, par hasard, y vît plus clair, et pût y remédier? Ce qu'il y a de sûr, c'est que, s'il n'y voit goutte, il pense d'une façon trop supérieure à son état pour vous amuser. Malgré tout le bien qu'il mérite que je lui veuille, j'avois sacrifié sa gloire à votre avantage, en vous proposant le frère Côme par préférence; celui-ci a manqué son coup; ne refusez pas d'écouter Sarbourg. L'une de ces cures, étoit un homme abandonné de la Faculté, et blessé, disoit-on, à mort, par un chirurgien qui lui avoit percé la vessie. Dans une autre occasion, il a opéré, et réussi, contre l'avis d'un fameux médecin, et d'un accoucheur à la mode, dont je tais les noms pour leur honneur, et malgré l'opposition de toute une famille qui revint à lui, ne sachant plus à quel saint se vouer. Enfin, c'est sur la parfaite connoissance de ses talens, de sa prudence et de son activité, que M. Moreau, premier chirurgien de l'Hôtel-Dieu, où celui-ci a travaillé long-temps, vient de le donner comme un vrai présent à M. de Montmartel, chez qui il est installé à demeure, et adoré. D'après tout cela, si vous ne consentez qu'à le voir, il est, comme dit mon amie, assez inutile de vous l'adresser : mais si vous daignez l'entendre, vous soulagerez Julie ; et, s'il parvient à vous guérir, il fera deux cures d'un coup. Je ne crains point, sur-tout vis-à-vis de vous, de compromettre mon amie, en m'expliquant ainsi. Si elle étoit capable, ou bien même coupable d'un sentiment que condamnent les lois divines et humaines, peut-être le saurois-je, mais vous ne le sauriez pas. Il en est un plus vif que celui de l'amitié, plus épuré, plus raisonné que celui de l'amour, supérieur à tous deux, que le vulgaire ignore ou conteste. J'y ai toujours cru ; vous êtes fait pour y croire, pour y applaudir, pour le faire éprouver, pour l'éprouver vous-même. C'est celui-là que vous lui avez inspiré ! Que ne mérite-t-il pas de la part d'un homme comme vous, vis-à-vis d'une femme comme elle ? Elle desire que vous écoutiez Sarbourg ; écoutez-le donc de bonne foi, que vous l'ayez promis ou non. De toutes vos promesses, nous n'exigeons que celle du *cœur de mille Saint-Preux dans un seul*. Donnez-nous-le, nous saurons ne pas le profaner, et nous le partager sans le déchirer. Vous ne nous écrirez que quand vous voudrez, et comme vous voudrez. Nous sentons, comme vous, dans notre cœur de quoi nous passer d'être polies, et nous sommes enchantées que vous nous mettiez à notre aise là-dessus. J'avois dit à Julie, non aussi bien que vous le dites, mais enfin tout ce que vous lui dites dans mille endroits de votre lettre. Je suis passablement fière d'avoir eu sur elle l'avantage de vous deviner mieux : il y a long-temps que je lui ai cédé tous les autres, et que je ne l'en aime pas moins. Vous trouvez qu'elle écrit bien : si vous l'entendiez parler, vous trouveriez qu'elle écrit mal. Elle a eu tort néanmoins de vous dire que je sais me faire pardonner d'avoir de l'esprit : j'aurois été plus flattée qu'elle eût dit, et c'est ce qu'elle devoit dire, que je sais lui pardonner d'en avoir infiniment plus que moi. Je n'ai, par exemple, pas plus qu'elle, celui de démêler si vous aimez mieux savoir qui elle est que de l'ignorer. Ainsi, malgré sa permission, je ne dirai encore mot là-dessus pour cette fois. Parlez-moi clair et français, je répondrai de même.

C'est un beau-frère qu'elle a perdu.

(*Billet inclus dans la précédente lettre.*)

Le 13 novembre 1761.

C'est dans mon lit, et après avoir été saignée deux fois du pied, pour un grand mal de gorge, accompagné d'une grosse fièvre et d'un violent mal de tête, que je reçois la réponse de St.-Preux, ma chère amie. Je me hâte de te l'envoyer; je crois que tu en concluras comme moi, qu'il est au moins inutile d'exiger de sa complaisance qu'il voie M. Sarbourg. C'est une triste impuissance, que celle de faire du bien aux gens à qui l'on s'intéresse. Il faut pourtant que nous nous l'avouions malgré nous. Écris-lui; dis-lui ce que tu voudras, et envoie-lui ce billet, il sera l'explication et l'excuse de mon silence à son égard. Adieu. Je ne puis pas t'en dire davantage, parce que je suis perpétuellement entourée de ma famille, qui, comme tu sais, n'est point dans mon secret. Aime-t-il mieux savoir qui je suis que de l'ignorer? Fais, à ce sujet, ce que tu crois qu'il desire.

A Mme. ***.

Lundi 16.

Ah! ces maudits médecins, ils me la tueront avec leurs saignées! Madame, j'ai été très-sujet aux esquinancies, et toujours par les saignées elles sont devenues pour moi des maladies terribles. Quand, au lieu de me faire saigner, je me suis contenté de me gargariser, et de tenir les pieds dans l'eau chaude, le mal de gorge s'est en allé dès le lendemain : mais, malheureusement, il est trop tard; quand on a commencé de saigner, alors il faut continuer, de peur d'étouffer. Des nouvelles, et très-promptement, je vous en supplie; je ne puis, quand à présent, répondre à votre lettre; et moi-même aussi je suis encore moins bien qu'à mon ordinaire. J'ajouterai seulement, sur votre anonyme, qu'il n'est guère étonnant que vous ne puissiez deviner ce que je veux; car, en vérité, je ne le sais pas trop moi-même. J'avoue pourtant que toutes ces enveloppes et adresses me semblent assez incommodes, et que je ne vois pas l'inconvénient qu'il y auroit à s'en délivrer.

Je n'ai montré vos lettres à personne au monde. Si vous prenez le parti de vous nommer, j'approuve très-fort que nous continuions à garder l'*incognito* dans notre correspondance.

CORRESPONDANCE

De Mme. ***.

Le 18 novembre 1761.

Non, non, ils ne la tueront pas ; elle se porte beaucoup mieux : je n'approuve pas pour cela plus que vous, Monsieur, la route qu'on a prise. Aussi, n'est-ce pas Sarbourg. Il auroit suivi celle que vous indiquez, à laquelle il joint, quand l'inflammation est considérable, des remèdes de nénuphar. Enfin, nos vœux, le hasard, ou plutôt un Dieu, qui veille avec complaisance sur son plus bel ouvrage, nous le conservera. Vous n'en saurez guère plus aujourd'hui. Vous voulez de promptes nouvelles : je reçois votre lettre à huit heures du soir, j'y réponds à huit heures et une minute. Si je n'ai pas deviné jusqu'ici que vous desiriez connoître Julie, je m'étois du moins doutée que tout ce fatras d'indications indirectes vous gênoit : allez, je m'étois doutée de tout ce que vous vouliez que je me doutasse ; et si je n'ai pas satisfait vos desirs dans ma dernière, c'est que je me suis doutée que vous vous douteriez que cela ne se pouvoit pas dans celle-là. Elle pouvoit se perdre. Cela ne se peut guère plus dans celle-ci, par la même raison. Vous en recevrez une qui la suivra de près, où il sera question de ce que vous voulez savoir; si elle s'égare, ou tombe en d'autres mains que les vôtres, on ne trouvera qu'une relation. Je n'ai pas le bonheur de loger avec Julie, ni même à sa portée : l'une habite le quartier du Palais-Royal, l'autre celui du Marais : vous comprenez bien que c'est moi qui suis la Dame du Marais. Cela ne m'empêchera pas de voler demain chez elle à mon lever : je lui porterai votre lettre et ma réponse; j'ajouterai à celle-ci ce qu'elle voudra, si elle ne vous écrit pas elle-même. Verrez-vous Sarbourg? Vous me demanderez peut-être pourquoi il n'est pas son chirurgien. Pourquoi? parce qu'elle en avoit un autre avant de connoître celui-ci, et qu'elle passe sa vie à tout sacrifier, à la crainte de mortifier quelqu'un.

P. S. — Le 19, chez Julie.

Elle est totalement remise; on la purge demain, pour la première fois. Si vous lui aviez écrit, elle vous feroit réponse. Quelque tard qu'il fût hier, j'y serois venue, si cela avoit avancé le départ de ma lettre. Pour vous délivrer des enveloppes, en attendant mieux, vous pouvez adresser les vôtres à M***. à

De Mme

Le 21 novembre 1761.

Vous desirez, Monsieur, de connoître une femme dont je vous ai vanté le caractère dans quelques-unes de mes lettres; il est plus facile de vous dire qui elle est que ce qu'elle est. Je sais l'admirer et l'aimer; mais il ne m'appartient pas de la peindre. Vous démêlerez une partie de ce qu'elle vaut, dans quelques traits dont ce narré sera semé : peut-être suffiroit-il de vous la nommer; ses vertus, son mérite, ses talens, ont étendu sa réputation assez loin, pour avoir pu percer jusqu'à vous. Mais je vous ai promis un détail; et je serai d'autant plus volontiers fidèle à ma parole, que je ne parle jamais d'elle, ni trop, ni trop long-temps à mon gré. Attendez-vous donc à une longue épître; je ne vous en fais point d'excuses. Le sujet est assez intéressant pour vous faire passer sur les défauts du style. Mon héroïne est....................
....
....
.... tels sont les traits de ma divine amie.

J'en pourrois citer mille autres qui l'immortalisent, à l'égard de ce mari, de ses parens, de ses alliés, de ses amis, de ses connoissances, et de gens inconnus. J'en pourrois aussi citer mille autres d'ingratitude de la part de presqu'eux tous, qui ne se lassent pas de les accumuler; mais je m'apperçois que vous devez l'être de voir tant de vertus si mal récompensées.

Je ne dirai donc plus qu'un mot sur une phrase de vos lettres; ne cherchez pas ailleurs que dans la plus belle ame qui ait jamais existé, cette tendre sensibilité que vous attribuez à ses malheurs. Dans les plus heureux instans de sa vie, les infortunés ont toujours eu des droits sacrés sur son cœur.

Comme je publie hautement, malgré elle, les obligations infinies que je lui ai, il en pourroit transpirer quelque chose jusqu'à vous, et me rendre suspecte d'enthousiasme. Ah! gardez-vous bien de le penser! long-temps avant que de lui en avoir aucune, je lui étois aussi dévouée que je le suis aujourd'hui. La reconnoissance me porteroit sans doute à taire ou pallier ses défauts, s'ils m'avoient frappé les yeux, mais non pas à lui prêter des qualités qu'elle n'auroit point. J'ai pour garant de ne l'avoir point flattée, tous ceux dont elle est connue un peu à fond, et qu'une basse envie n'empêche pas de lui rendre justice.

Comment vous portez-vous ? J'aurois commencé par là, si cela me l'eût fait savoir plutôt. Mon Dieu ! consultez donc Sarbourg !

Vos lettres, toujours rue.... jusqu'à nouvel ordre.

De Mme. ***.

Le 23 novembre 1761.

Nous vous passons, Monsieur, de ne nous écrire ni souvent, ni conséquemment ; cela est convenu ; nous n'en appellerons pas : mais nous ne saurions vous passer de nous laisser dans l'inquiétude sur votre état, après nous avoir marqué qu'il étoit empiré. *Des nouvelles, et très-promptement, je vous supplie.* Rien de plus, soit, si ce n'est de m'accuser la réception d'un bulletin des 18 et 19, et d'un *in-folio* du 21 ; mais des nouvelles sur-tout. Eh bien ! Sarbourg ! sera-t-il dit que nous ferons tout ce que vous voudrez, et vous, rien de ce que nous voulons ? Une fois, deux fois, trois fois, des nouvelles, fût-ce de main étrangère, à Mme. ***.

A Julie.

Montmorenci, 24 novembre 1761.

Vous serez peu surprise, Madame, et peut-être encore moins flattée, quand je vous dirai que la relation de votre amie m'a touchée jusqu'aux l'armes. Vous êtes faite pour en faire verser, et pour les rendre délicieuses; il n'y a rien là de nouveau, ni de bien piquant pour vous. Mais ce qui sans doute est un peu plus rare, est que votre esprit et votre ame ont tout fait, sans que votre figure s'en soit mêlée; et, en vérité, je suis bien aise de vous connoître sans vous avoir vue, afin de lui dérober un cœur qui vous appartienne, et de vous aimer autrement que tous ceux qui vous approchent. Providence immortelle! il y a donc encore de la vertu sur la terre! il y en a chez des femmes; il y en a en France, à Paris, dans le quartier du Palais-Royal! Assurément, ce n'est pas là que j'aurois été la chercher. Madame, il n'y a rien de plus intéressant que vous: mais, malgré tous vos malheurs, je ne vous trouve point à plaindre. Une ame honnête et noble peut avoir des afflictions; mais elle a des dédommagemens ignorés de toutes les autres, et je suis tous les jours plus persuadé qu'il n'y a point de jouissance plus délicieuse que celle de soi-même, quand on y porte un cœur content de lui.

Pardonnez-moi ce moment d'enthousiasme. Vous êtes au-dessus des louanges; elles profanent le vrai mérite, et je vous promets que vous n'en recevrez plus de moi. Mais, en revanche, attendez-vous à de fréquens reproches; vous ne savez peut-être pas que plus vous m'inspirez d'estime, plus vous me rendez exigeant et difficile. Oh! je vous avertis que vous faites tout ce qu'il faut, vous et votre amie, pour que je ne sois jamais content de vous. Par exemple, qu'est-ce que c'est que ce caprice, après que vous avez été rétablie, de ne pas m'écrire, parce que je ne vous avois pas écrit? Eh! mon Dieu, c'est précisément pour cela qu'il falloit écrire, de peur que le commerce ne languît des deux côtés? Avez-vous donc oublié notre traité, ou est-ce ainsi que vous en remplissez les conditions? Quoi! Madame, vous allez donc compter mes lettres par numéro, un, deux, trois, pour savoir quand vous devez m'écrire, et quand vous ne le devez pas. Faites encore une fois ou deux un pareil calcul, et je pourrai vous adorer toujours, mais je ne vous écrirai de ma vie.

Et l'autre qui vient m'écrire bêtement qu'elle n'a point d'esprit. Je suis donc un sot, moi, qui lui en trouve presqu'autant qu'à vous? Cela n'est-il pas bien obligeant? Aimable Claire, pardonnez-moi ma franchise; je ne puis m'empêcher de vous dire que les gens d'esprit se mettent toujours à leur place, et que chez eux la modestie est toujours fausseté.

Mais, si elle m'a donné quelque prise en parlant d'elle, que d'hommages ne m'arrache-t-elle point pour son compte en parlant de vous! Avec quel plaisir son cœur s'épanche sur ce charmant texte! Avec quel zèle, avec quelle énergie elle décrit les malheurs et les vertus de son amie! Vingt fois en lisant sa dernière lettre, j'ai baisé sa main tout au moins, et nous étions au clavecin. Encore, si c'étoit là mon plus grand malheur! mais non : le pis est qu'il faut vous dire cela comme un crime, que je suis obligé de vous confesser.

Adieu, belle Julie; je ne vous écrirai de six semaines, cela est résolu : voyez ce que vous voulez faire durant ce temps-là. Je vous parlerois de moi, si j'avois quelque chose de consolant à vous dire : mais quoi! plus souffrant qu'à l'ordinaire, accablé de tracas et de chagrins de toute espèce, mon mal est le moindre de mes maux. Ce n'est pas ici le moment de M. Sarbourg. Je n'ai pas oublié son article, auquel votre amie revient avec tant d'obstination ; il sera traité dans ma première lettre.

De moi.

Le 24 novembre 1761.

Vous êtes bien heureux, Monsieur, que votre dernière lettre m'ait trouvée assez affoiblie par mes maux, et leurs remèdes, pour ne pouvoir pas me livrer à la colère qu'elle m'a inspirée. J'ai été piquée au dernier point de l'air d'indépendance dont elle est remplie, et qui contraste on ne peut pas plus maussadement avec la *disposition*, où peu de jours avant vous prétendiez être de vous *humilier devant moi. Acceptez ou refusez, mais ne marchandez pas, cela seroit inutile. Tenez-vous cela pour dit :* et qu'est-ce que c'étoit ? Ma *complaisance a trouvé son terme.* Quelle soumission, grand Dieu ! quel ton ! je le trouverois trop absolu dans la bouche de mon maître. Eh ! qui vous *parle de reconnoissance*, pour vous défendre de m'en devoir ? Vous n'avez pas voulu que j'y donnasse lieu ; votre inflexibilité l'a emporté sur mes instances. Je crois pourtant que nous devons moins compter nos obligations, par les services qu'on nous a rendus, que par ceux qu'on a voulu nous rendre : mais je n'exige rien de vous, non, pas même de la *reconnoissance*. Vous pensez avoir pourvu à tout, en déclarant que vous n'êtes pas poli ; et, comme si un défaut pouvoit en réparer un autre, vous dites, avec une ostentation très-peu philosophique, *je sens dans mon cœur de quoi me passer d'être poli*. Eh bien ! Monsieur, je trouve dans le mien, et je ne m'en targue point, de quoi l'être sans effort ; l'attendrissement que me cause la persuasion du malheur de tous les êtres sensibles, l'envie de contribuer à la satisfaction de tout ce qui m'approche, la crainte de désobliger, le caractère de mon ame enfin, rend mes manières affectueuses ; et c'est là la politesse. Quoiqu'on soit convenu de donner ce nom à un ennuyeux fatras de cérémonieuses faussetés, je sais supprimer une révérence, un compliment, etc., et je ne m'en crois que plus polie, parce que je tâche de remplacer ces bagatelles par des prévenances plus satisfaisantes qu'elles, et pour les autres et pour moi.

C'est bien choisir votre champ de bataille, que d'appuyer sur le tort que notre *Opéra* fait au goût de nos femmes, en me parlant à moi, que vous devez supposer touchée des beautés de la poésie et de la musique italiennes, et qui ne connoit pas d'autre *Opéra* que le nôtre. Est-ce que les oreilles peuvent être incapables d'impressions, tant que le cœur en est susceptible ! Vous m'objecteriez en vain, que c'est aux oreilles à faire passer les sons et les paroles jusqu'au cœur. Indépendamment de ce que la poésie a une harmonie, qui, s'il m'est permis de parler ainsi, retentit aux yeux, cette objection ne peut être solide que relativement aux sourds. S'il est vrai qu'on ne peut sentir ce qu'on n'entend point, il ne l'est pas moins que toutes les fois que les oreilles portent au cœur, soit un discours, soit une succession de sons, c'est à la disposition du cœur à prêter à l'un ou à l'autre le charme qui doit affecter agréablement les oreilles. Monsieur, le plus grand mérite d'une observation, c'est d'être bien placée; mais vous ne perdez pas une occasion de vous déchaîner contre notre musique et nos femmes. Quant à la musique, je vous l'abandonne; on n'est pas organisé comme on veut. A l'égard de votre acharnement contre mon sexe, je trouve votre condamnation et celle de beaucoup d'hommes, dans une source où vous prétendez que les femmes ne puisent plus.

Un poëte italien, frappé de la férocité des hommes, a dit :

> Tutti gli altri animai che sono in terra
> O che vivon quieti, e stanno in pace ;
> O se vengono à rissa e si fan guerra
> A la femina il maschio non la face.

Concluez, Monsieur, concluez ; c'est grand dommage que les influences de notre *Opéra* ne m'aient pas été aussi funestes qu'à toutes les autres françaises ! Je n'aurois pas repoussé, avec le secours d'un idiôme étranger, les injures que vous nous dites avec tant de ménagement dans le nôtre. Mais ne parlons plus musique : vous en avez fait une affaire si importante, qu'il ne m'appartient pas de la traiter..... Pardon, Monsieur, pardon ; vous voilà trop grondé, si vous êtes assez délicat pour être blessé par une femme : si vous ne l'êtes pas, je ne me repentirai pas d'avoir cru que vous l'étiez : une opinion trop avantageuse à un homme de mérite, ne dégrade jamais l'ame qui la conçoit. *Revenons au trait accolé de deux points qui termine toutes mes lettres :* j'oublie-tout, dès qu'il s'agit de m'instruire. On peut être femme, entendre l'italien, savoir l'ortographe, lier son écriture, ponctuer correctement, et ignorer bien des choses; personne ne sait mieux cela que moi. Ce trait qui vous a *tant désolé*, est-il ridicule par-tout ailleurs que dans un bureau? Je ne sais où je l'ai *péché*, ni pourquoi je le fais : je crois pourtant que cette habitude me vient de ce que j'aime les choses achevées. S'il est mieux que je la perde, dites-le moi sérieusement; j'ai besoin qu'on me parle clair; je vous en ai prévenu; je n'ai point d'esprit, et j'hésite toujours, quand il faut que j'interprête.

Vous m'avez donné une marque d'intérêt bien touchante, par la façon dont vous avez écrit à Claire, au sujet de ma maladie. Jamais laconisme ne fut plus éloquent. Je crois ne pouvoir mieux vous en remercier, qu'en vous assurant que je l'ai sentie. Adieu, Monsieur; mettez, je vous prie, au haut de toutes les lettres que vous m'adresserez, *à Julie*; j'ai été tentée de renvoyer la dernière, parce que ces mots n'y étoient pas (pour que vous les y missiez, s'entend), je ne veux avoir que ce nom auprès de vous. Quand je le vois tracé par vous, qui en avez fait un si précieux usage, c'est pour moi un instant d'illusion, que je n'échangerois peut-être pas contre beaucoup de choses, qu'on a coutume de regarder comme des biens réels. Enfin, vous me l'avez donné, ce nom, puisque vous ne me l'avez pas ôté, et ce seroit me l'ôter, que de ne pas continuer à me le donner.

De moi.

Le 27 novembre 1761.

Nous sommes sérieusement inquiètes de vous, Monsieur ; pourquoi ne nous écrivez-vous pas un mot ? Ce n'est pas que nous comptions avec vous, ni que nous voulions vous imposer aucune gêne. Nous souffririons votre inexactitude sans nous plaindre, si vous ne nous aviez pas alarmées sur votre santé, en nous disant : *je suis encore moins bien qu'à l'ordinaire.* Votre négligence répond bien mal au soin que Claire a pris de vous donner de mes nouvelles, et prouve bien qu'il ne vous étoit pas nécessaire ; car enfin, si vous aviez pris le moindre intérêt à moi, vous y en prendriez encore. Qu'ai-je fait pour l'affoiblir ? Et, si vous en preniez, m'abandonneriez-vous à une situation, dont votre empressement, en pareil cas, m'a donné lieu de croire que vous connoissez l'amertume et les dangers ? Après le portrait qu'on vous a fait de moi, après la façon dont je me suis comportée avec vous, bien moins suspecte que les pinceaux de l'amitié, pouvez-vous douter que je sois sensible? Et pouvez-vous le croire, et me laisser dans la plus profonde ignorance sur votre santé? Ah! j'ai eu tort d'établir une sorte de liaison entre nous : vous êtes tout comme les autres hommes, toujours prêt à saisir une occasion d'amusement, et incapable d'une attention suivie. Saint-Preux, Saint-Preux, que votre auteur vous ressemble peu! Vous n'aviez pas besoin d'aimer pour vouloir du bien, pour en faire; et lui, qui se prétend prévenu pour moi de tout l'attachement qu'on peut prendre pour une femme, dont on ne connoît que l'esprit et le nom, n'a, pour me rendre service, qu'à dire un mot, et ne le dit pas. Monsieur, entre toutes les conjectures que votre silence autorise, en voici deux auxquelles je m'arrête: ou notre commerce ne vous convient plus, ou vous êtes hors d'état d'écrire. Dans le premier cas, vous nous devez assez peu pour ne pas balancer à nous l'avouer; et, dans le second cas, vous êtes impardonnable de ne pas nous faire informer de votre état par une des personnes qui vous entourent. Vous nous allégueriez en vain la prudence. L'inconvénient que vous évitez n'est pas comparable à celui dans lequel vous tombez; et, d'ailleurs, on est moins blâmable de se permettre une indiscrétion de cette nature, que la plus petite cruauté; petite..... s'il en est aux yeux de l'humanité.

L'infiniment petite Claire, à Saint-Preux.

Le 28 novembre 1761.

Qu'est-ce à dire, s'il vous plaît, Monsieur? *Vous faites tout ce que vous pouvez, vous et votre amie, pour que je ne sois jamais content de vous.* Vous, et votre amie! Comme si c'étoit ma faute à moi, si Julie, la plus délicate des femmes, s'avise une fois en sa vie de se méprendre en vraie délicatesse! Je ne m'y suis pas méprise, moi, indigne; j'ai très-bien senti que c'étoit pour être trop occupé d'elle, que vous n'écriviez qu'à moi, me supposant plus en état de vous donner *promptement des nouvelles,* puisqu'elle étoit dans son lit, et moi sur mes jambes. J'ai en vain déployé toute ma rhétorique pour lui faire voir la chose comme je la voyois; elle n'a pas démordu de son idée; et moi, sans renoncer à la mienne, j'ai écrit sous sa dictée tout ce qu'elle a voulu, persuadée qu'il falloit se prêter à une fantaisie de malade qui se passeroit avec la maladie; elle s'est en effet passée, comme vous l'avez vu. Jusque-là, je ne vois pas trop quel est mon crime. A qui en avez-vous encore, avec votre *et l'autre?* Et l'autre est vraiment très-bien dit; mais cet autre n'est pas moi. Il vous plaît de faire un galimatias de ce que nous vous écrivons, de nous confondre, Julie et moi (et voilà ce qu'on peut appeler une bêtise bien étoffée); ce seroit à elle à s'en fâcher; c'est pourtant moi qui m'en fâche, attendu que sa gloire, je vous l'ai déjà dit, m'est plus chère que la mienne. Lisez, Monsieur, lisez, vous dis-je, et vous verrez que c'est elle qui dit *bêtement* dans toutes ses lettres qu'elle n'a point d'esprit; et qu'enfin, révoltée de cela, j'ai dit dans une ou deux des miennes, qu'elle en a infiniment plus que moi. Elle le prouve; vous en convenez judicieusement dans votre dernière. De quoi vous gendarmez-vous donc tant? Oh! ne vous mettez pas, je vous prie, sur le pied de me quereller pour les fautes d'autrui: vous trouverez assez à mordre sur les miennes,

En vérité, vous autres, vous me tournez le sang. Me diriez-vous bien, par exemple, pourquoi je n'ai reçu qu'hier 27, votre lettre datée du 24? Cela a fait une belle croisade et un beau tapage. Je la porte ce matin chez Julie, qui me reçoit avec l'humeur d'un dogue. Madame, furieuse de s'être mise dans son tort par sa lettre d'hier, en vous en reprochant un que vous n'aviez pas, trouve joli de s'en prendre à moi, et de me retenir à dîner pour m'avaler à son aise. Il falloit lui porter la vôtre plutôt; il falloit même la lui porter avant que de la recevoir; puisque je ne l'ai reçue qu'hier soir, et que la sienne étoit partie avant midi. Je n'ai pas mis dans son panégyrique qu'elle étoit folle, parce qu'elle ne l'étoit pas avant que de vous connoître. Tâchez, je vous prie, de lui rendre une tête que je serois fâchée de lui voir perdre; tâchez tous deux de mettre un peu plus d'ordre dans votre commerce, ou commercez tous seuls, car vous m'impatientez.

Elle vous écrira, ou ne vous écrira point; elle n'est pas encore bien décidée là-dessus. Elle l'est seulement à ne se plus fier au contre-seing, depuis notre paquet perdu. Pour moi, j'en veux essayer encore une fois; faites-moi savoir s'il m'aura réussi, afin que j'y revienne, ou y renonce pour toujours.

Ne la voilà-t-il pas qui veut vous faire mon histoire? Comme je n'en vois pas la nécessité, je le lui ai défendu. Quoique mon amitié pour elle ne cède point à la sienne, je n'ai rien pu vous dire qui ne fût au-dessous d'elle ; mais elle ne vous diroit rien qui ne fût au-dessus de moi. Apprenez-là donc de moi-même cette belle histoire, si vous voulez la savoir sans fard, puisqu'elle a la rage que vous la sachiez ; elle ne sera pas longue.

Je suis badaude, archi-badaude, fille d'un assez bon soldat, qui a consommé au service une fortune plus qu'honnête ; femme d'un homme, plus riche en probité qu'en revenus; bonne femme..........comme ça ; bonne mère jusqu'à la foiblesse ; amie inutile : *dixi*.

A Julie.

A Montmorenci, le 29 novembre 1761.

Encore une lettre perdue, Madame! cela devient fréquent, et il est bizarre que ce malheur ne m'arrive qu'avec vous. Dans le premier transport que me donna la relation de votre amie, je vous écrivis, le cœur plein d'attendrissement, d'admiration, et les yeux en larmes. Ma lettre fut mise à la poste, sous son adresse, rue....... comme elle me l'avoit marqué. Le lendemain, je reçus la vôtre, où vous me tancez de mon impolitesse, et je craignis de-là que la dernière ne vous eût encore déplu; car je n'ai qu'un ton, Madame, et je n'en saurois changer, même avec vous. Si mon style vous déplaît, il faut me taire; mais il me semble que mes sentimens devroient me le faire pardonner. Adieu, Madame; je ne puis maintenant vous parler de mon état, ni vous écrire de quelque temps; mais soyez sûre que, quoi qu'il arrive, votre souvenir me sera cher.

Mille choses de ma part à l'aimable Claire; j'ai du regret de ne pouvoir écrire à toutes deux.

De moi.

Le 29 novembre 1761.

Grace, Monsieur; mais...... n'est-ce pas à moi à vous la faire, à vous, qui m'accusez de caprice, quoique je vous eusse écrit deux fois avant de recevoir votre dernière lettre qui ne me parvint qu'hier? Tout cela n'arriveroit pas, sans la bizarre idée que vous avez de n'écrire que quand il vous plaît, sans aucun égard à la liaison qui doit être dans notre correspondance, et que vous interrompez toujours, par le perpétuel croisement de nos lettres. Aussi, ressemblent-elles parfaitement à ces conversations, où tout le monde parlant à-la-fois, personne ne peut s'entendre. Vous aimez l'indépendance; vous la portez par-tout : moi, j'aime l'ordre, c'est là ma liberté, et je vous conseille de l'aimer à cause de moi; car sûrement je ne m'en détacherai pas à cause de vous. Je ne tiens pas beaucoup à des engagemens aussi frivoles, que celui où vous dites injustement que j'ai manqué : mais, quand j'en ai formé de précis, d'utiles aux autres, je sais m'en souvenir, et m'acquitter. Par exemple, je vous dois l'histoire de Claire; et je vais vous la faire, avec d'autant plus de plaisir, que c'est ici l'instant où je serai vraiment intéressante. J'ai à vous dire d'elle de bien plus belles choses qu'elle n'a pu vous en dire de moi, et j'espère que vous me baiserez la main aussi; du moins si vous croyez qu'un sentiment vaille une caresse. A la vérité, vous jugerez mal de ce que vaut celui qui m'anime; car il est assez vif pour que mes expressions n'y répondent pas. J'ai déjà fait une sottise, en donnant le nom d'histoire au détail de ce que devroit être, de ce qu'est, et de ce que paroît Claire. Ce nom ne lui convient pas : il n'y a point dans sa vie, de ces évènemens frappans qui rendent les efforts publics, et conséquemment moins difficiles. Cent fois plus rare et plus estimable que le mien, son mérite consiste dans la pratique de mille vertus, que d'affreuses circonstances rendent obscures; et on ne peut pas mettre en question, si c'est au bien même, ou à la gloire qui en est le prix, qu'elle est si inviolablement attachée. Cette aimable femme, qui, à mon gré, a un droit de trop au respect

des honnêtes gens, est...................
....
....
....
....

Voilà, Monsieur, où le hasard avoit placé mon amie; voilà aussi ce qu'il y avoit de plus facile à dire : de ce moment, chacun de ses traits deviendra moins facile à saisir. Je ne vous parlerai point de son esprit; il n'en est point qu'on apperçoive plus aisément. Vous saurez seulement que sa figure l'annonce, et fait desirer de la connoître. Mais, comment vous rendrai-je les perfections de son ame, l'élévation de ses sentimens, la droiture de ses intentions, la régularité de ses mœurs, l'étendue de ses lumières qui embrasse tous ses devoirs, et la scrupuleuse délicatesse qui les remplit tous; l'oubli de ses malheurs à l'aspect de ceux des autres, la fermeté de son caractère, l'égalité de son humeur, l'affabilité de ses manières, et sa patience inaltérable dans la triste situation où une longue succession de revers, tous amenés par trop de confiance dans la bonne foi d'autrui, a précipité sa famille? Il n'est pas besoin de louer Claire, Monsieur; il ne faut que la peindre, et c'est à quoi mes talens ne suffiront pas. Ah! sans doute elle est plus malheureuse que moi; non pas qu'elle ne jouisse des dédommagemens qui vous empêchent de me plaindre; mais c'est qu'elle vous a fait mon portrait, et que je vous fais le sien; c'est que l'énergie de son style m'a valu de votre estime plus que je n'en méritois, et que la foiblesse du mien lui enlèvera une partie de celle que vous lui devez. Elle n'en murmurera point, j'en suis sûre; elle est trop accoutumée à se trouver riche des biens qu'elle me procure. Pourquoi la même façon de penser ne peut-elle pas chez moi, se manifester de même? Je vais prendre le bon parti : puisque je ne saurois vous dire assez de bien de Claire, je veux vous en dire du mal. Ainsi, quoiqu'elle ne vous ait pas parlé d'un seul des défauts qu'elle me connoît, dussiez-vous me juger moins bonne amie qu'elle, je vais vous entretenir du seul que je lui connoisse. Est-ce ma faute à moi, si elle n'a pas besoin d'indulgence? Cette même femme, qui fait si bien mon éloge, et qui par conséquent sait tout faire valoir, a la manie, insupportable à ses amis, de ne jamais terminer une phrase, sans s'être dit une injure. J'ai beau me tuer à lui répéter, que pour ne blesser, ni la vérité, ni l'amour-propre des autres, il ne faut dire ni bien ni mal de soi; l'habitude l'emporte, et elle prend à tâche de faire naître l'occasion de se dépriser. Si sa perfection vous est chère, Monsieur, corrigez-là d'un tic, qui rend équivoque sa franchise ou son discernement; représentez-lui qu'il donne un continuel démenti à une famille charmante, qui partage sa destinée, et qui fait tout ce qui dépend d'elle pour en adoucir les rigueurs; enfin, menacez-là de faire moins de cas d'elle; et, si elle ne se corrige pas, je la répute incorrigible. Après cette imparfaite esquisse, qui cependant a épuisé tout mon savoir, je brise mes crayons, et je me promets bien de n'en remanier de ma vie. Que n'est-ce assez expier l'usage que j'en ai fait?

Adieu, Monsieur. Pourquoi me dites-vous *belle Julie?* J'aimois mieux cette phrase; elle étoit bien plus à vous. A Julie, je *joindrois une épithète, si j'en savois quelqu'une qui pût ajouter à ce mot.*

Vous êtes accablé *de chagrins de toute espèce,* me dites-vous. Eh! quelle espèce de chagrin peut éprouver un philosophe qui n'a rien à se reprocher? Adieu, encore une fois. Je vous déclare, à mon tour, que je ne vous écrirai plus, que vous n'ayiez répondu à cette lettre, m'eussiez-vous écrit une heure avant de la recevoir. Voyez ce que vous avez à faire.

(*De Rousseau.*)

A Montmorenci, le 19 décembre 1761.

Je voudrois continuer de vous écrire, Madame, à vous et à votre digne amie, mais je ne puis, et je ne supporterois pas l'idée que vous attribuassiez à négligence ou à indifférence un silence que je compte parmi les malheurs de mon état. Vous exigez de l'exactitude dans le commerce, et c'est bien le moins que je doive à celui que vous daignez lier avec moi; mais cette exactitude m'est impossible : ma situation empirée partage mon temps entre l'occupation et la souffrance; il ne m'en reste plus à donner à mon plaisir. Il n'est pas naturel que vous vous mettiez à ma place, vous qui avez du loisir et de la santé; mais, faites donc comme les dieux :

Donnez en commandant le pouvoir d'obéir.

Il faut, malgré moi, finir une correspondance, dans laquelle il m'est impossible de mettre assez du mien, et qu'avec raison vous n'êtes point d'humeur d'entretenir seules. Si peut-être dans la suite...... mais...... c'est une folie de vouloir s'aveugler, et une bêtise de regimber contre la nécessité. Adieu donc, Mesdames, forcé, par mon état, je cesse de vous écrire, mais je ne cesse point de penser à vous.

Je découvre à l'instant que toutes vos lettres ont été à Beaumont, avant que de me parvenir. Il ne falloit que *Montmorenci* sur l'adresse, sans parler de la route de Beaumont.

(*De Julie.*)

(*Billet qui renfermoit la lettre précédente.*)

Le 20 décembre 1761.

Voila, ma Claire, une lettre que je viens de recevoir dans l'instant. Je n'ai assurément pas besoin de l'avoir sous les yeux pour y répondre. Réponds-y de ton côté, et tu me la renverras mardi par ta sœur, à qui je donnerai ma réponse, à condition qu'elle m'apportera la tienne. Adieu.

(*De Julie.*)

Le 20 décembre 1761.

Rien n'est sans conséquence pour les ames sensibles. Je l'éprouve bien douloureusement, Monsieur ; je ne vous dissimulerai point que votre lettre m'a coûté des larmes, d'autant plus amères, que la vue de vos caractères m'avoit fait le plus grand plaisir. Voilà donc la fin de ce commerce, dont le commencement a été marqué par l'admiration, et, ce qui est bien flatteur encore, par le plus tendre intérêt ! Ne valoit-il pas mieux ne pas m'écrire, que de m'écrire pour m'annoncer que vous ne m'écrirez plus ? L'impression eût été moins vive ; et d'ailleurs l'espérance de recevoir une lettre le lendemain, m'eût aidée tous les jours à supporter le chagrin de n'en point recevoir. Avec quelle ambiguité vous me parlez de l'augmentation de vos souffrances, et des occupations qui vous forcent à rompre avec moi ! Vous m'aviez tant dit que vous saviez mettre dans une liaison d'amitié les égards de l'estime et les épanchemens de la confiance !.... Mais aucun détail ne s'échappe de votre cœur. Ah! du moins, en me les refusant, croyez que le mien étoit fait pour les recevoir. Si j'ai paru exiger de l'exactitude, ce n'étoit pas que je voulusse obtenir de vous précisément autant que j'étois disposée à vous donner; c'étoit parce que je n'avois jamais assez de ce qui me venoit de vous, et qu'abusée par vos expressions affectueuses, j'avois la sottise de croire que notre correspondance vous étoit assez chère pour que vous l'achetassiez à ce prix. Adieu, Monsieur, puisque vous voulez que nous nous anéantissions l'un pour l'autre : car, qu'est-ce pour moi, qu'entendre parler de vous? Vous m'avez affligée; c'est un point de vue que je voudrois vous épargner; mais j'ai besoin de consolation; je suis foible, et j'en trouve à me plaindre. Et puis, pourriez-vous oublier que votre *adieu* est éternel, et que c'est à Julie que vous le dites.

Claire vous écrira, sans doute : je lui envoie votre *dernière lettre;* (je n'écris pas ce mot de sang froid); elle pense, elle sent autrement que moi; mes expressions ne conviennent point à ses idées.

Je vous prie de vouloir bien brûler toutes mes lettres.

(*De Mme. ***.*)

Le 22 décembre 1761.

Eh bien! ne me voilà-t-il pas encore dans les caquets, et confondue avec notre Julie? J'en serois singulièrement flattée, en toute occasion exclusivement, jusqu'à celle où elle se fait des querelles avec vous. Dans laquelle de mes lettres avez-vous vu, s'il vous plait, Monsieur, que j'exige *de l'exactitude; que je ne veux pas faire seule les frais de notre commerce?* J'ai dit précisément le contraire, et *amen* à tous vos *oremus. Faites-vous connoître, ou je me tais.* Ces paroles sont tirées de la troisième de vos épîtres. Nous avons, depuis cette menace, gardé l'*incognito* encore long-temps, pendant lequel vous avez jasé comme une pie ; et c'est du moment que vous nous connoissez, qu'il vous plaît de nous planter-là! Je ne sais si cela est bien conséquent; mais je sais bien que cela n'est pas flatteur. Parlez vrai ; Julie vous obstine, ou vous intéresse trop; la pauvre Claire vous ennuie ; voilà l'histoire ; et, sans autre forme de procès, vous les congédiez toutes deux très-philosophiquement. C'est très-bien fait à vous. Il me semble pourtant que, sans s'assujétir à écrire régulièrement, et méthodiquement, on peut du moins, de temps à autre, donner de ses nouvelles à gens qui s'y intéressent. Vous boudez Julie, parce que vous la connoissez mal, et j'en paie les pots cassés. Adieu, Mesdames ; laissez-moi en repos. Voilà la conclusion d'une correspondance que vous assuriez ne pouvoir pas voir cesser sans quelqu'inquiétude ; ce sont vos propres termes. Allez, vous êtes fait tout comme les autres hommes. Ce qui me désespère, c'est de le sentir, sans pouvoir résoudre mon lâche cœur à rien rabattre de la haute estime que vous lui avez inspirée.

P. S. Je vous avois prié, Monsieur, de m'apprendre si vous aviez reçu ma lettre contresignée *Chauvelin*. Daignerez-vous m'en instruire par quelqu'un de vos entours ? Votre silence à cet égard, m'empêche de risquer celle-ci par la même voie.

(*De Julie.*)

Le 30 décembre 1761.

Écrirai-je à Saint-Preux ? (Mon cœur ne vous connoît que sous ce nom, et c'est ici lui qui parle.) Il prétend que mes lettres charment ses maux et parent sa solitude ; il m'attribue plus de pouvoir sur lui, qu'à la fortune même. N'est-ce pas me faire un devoir de l'employer à son bonheur ? Est-on fondé à dire qu'on voudroit faire le bien qu'on ne peut pas, quand on ne fait pas celui qu'on peut ? Non : mais c'est aux dernières intentions des gens qu'on a dessein d'obliger, que ce dessein veut qu'on s'arrête. A peine Saint-Preux me connoissoit-il, quand il a paru faire cas de mon commerce; et, depuis qu'il sait mon nom, mon état, mes malheurs, et les principaux traits qui constatent mon caractère, son empressement s'est affoibli par degré jusqu'à extinction totale ; et rien de tout ce qu'il m'a dit, n'a été si médité, si clair, si positif que le congé qu'il me donne....... Ici, la morgue de mon sexe s'est fait entendre, et sa négative éloquence a soutenu que je n'avois pas mérité un détachement si désobligeant; que j'avois plus accordé que demandé; que Saint-Preux avoit reçu, tant de Claire que de Julie, dix-neuf lettres, et n'en avoit écrit que neuf; que des prévenances trop soutenues pourroient dégénérer en importunité; que du sentiment qu'elles excitent, il n'y avoit qu'un pas jusqu'au degoût, et qu'enfin Saint-Preux étoit un homme...... En vérité, elle semble n'avoir parlé que pour assurer mon triomphe. Saint-Preux est un homme! la belle objection! Est-ce sous ce point de vue qu'il m'a intéressée? S'il n'avoit été que cela, ne me serois-je pas contentée d'être femme par rapport à lui, et m'auroit-il inspiré un attachement que d'autres hommes ont dû concevoir pour lui, et que je concevrois pour une femme qui l'égaleroit en mérite? Il est homme! Un individu quelconque doit-il être considéré par la moindre des qualités qu'il possède? et la frivole distinction des sexes doit-elle être admise dans un commerce dont l'ame fait tous les frais? Cette décence de convention, qui m'interdisoit le plaisir de vous prouver combien je vous estime, est enfin démeurée sans réplique, Monsieur; et il a été décidé entre moi et moi, que je vous écrirois. La plus forte de mes raisons est pourtant celle que je n'ai pas déduite : c'est l'empreinte de chagrin que portent vos dernières lettres. Je ne sais si les miennes sont réellement une consolation pour vous. Pour déterminer quel est le remède propre à vos maux, il faudroit connoître leur nature. Mais dans l'incertitude où votre dissimulation me plonge, j'ai préféré le risque de vous écrire, inutilement pour vous, et conséquemment pis que cela pour moi, à celui de vous priver du plus léger adoucissement, si je suis assez heureuse pour qu'il dépende de moi de vous en procurer. Je suis suffisamment justifiée à mes yeux, quel que soit le sujet de ma démarche. Il n'y en a point qui ne puisse être ennoblie, par la beauté du motif qui m'anime.

Votre *Traité de l'Éducation* va donc paroître. J'aurois voulu l'apprendre par vous ; mais tout Paris le dit, il faut bien que je l'entende. Avec quelle avidité je vais dévorer cet ouvrage! Oh! je n'y trouverai point de paradoxes ; jamais vos idées n'en contiennent pour moi : je n'ose pas toujours m'en vanter ; car plutôt que de croire que je pense comme vous, on imagineroit que je ne vous admire, que parce que je ne vous entends pas. Il est pourtant vrai que je n'ai encore rien trouvé dans vos écrits (la musique à part), qui ne m'ait paru avoir toujours été dans mon ame. Celui que nous attendons seroit aussi utile qu'il est nécessaire, si tout le monde avoit autant de penchant que moi à suivre le plan qu'il tracera. Votre raison lumineuse se sera sans doute attachée à répandre le plus grand jour sur les objets qu'il est le plus important de bien voir, et vous aurez prescrit qu'on s'appliquât à former le cœur des hommes, dût-on négliger leur esprit.

(*De la même au même.*)

Le 9 janvier 1762.

Pour *Dieu, Madame, vous qui devez faire des miracles, métamorphosez en femme votre chimérique Julie, et je vous donnerai à toutes deux les cœurs de mille Saint-Preux dans un seul.* Ainsi s'expliquoit, le 19 octobre dernier, sur le compte de Claire et de Julie, *Jean-Jacques Rousseau, citoyen de Genève, ni plus, ni moins.* On imagineroit qu'un homme de ce caractère ne s'avance pas jusque-là, sans avoir de fortes raisons de croire qu'il ne reculera pas. Point du tout : ces mêmes femmes, qui, sous le voile de l'anonyme, lui paroissoient si intéressantes, n'attirent plus son attention. Elles ont tout perdu en se fesant connoître, quoique peintes l'une par l'autre, elles n'aient rien dû montrer qui puisse déroger à l'idée qu'il en avoit prise. Une inconséquence si subite, si complète, offriroit une ample matière de réflexions affligeantes à tout esprit sensé. A quel taux elle réduit l'humanité ! Où peut-on se flatter de trouver un sentiment solide, quand on l'a inutilement cherché chez vous ? Heureusement pour moi, qui chéris votre gloire, votre conduite envers moi est presque généralement ignorée. Ceci ne vous semblera qu'un médiocre avantage, je le sais, et j'ai peur qu'à force d'être insensible à l'opinion qu'on a de vous, vous ne négligiez un peu trop de mériter qu'elle soit bonne. Claire, son digne mari et son aimable famille, seuls témoins du désobligeant procédé que j'éprouve, sont tout prêts à vous accuser de caprice ; et puis, ne pouvant penser que vous trouviez dans votre propre fond de quoi résister à un intérêt que si peu de personnes inspirent, et dont aucune ne peut se dispenser de savoir gré, ils suspectent tout ce qui vous approche, et croient voir dans votre changement le fruit de quelques propos tenus à mon désavantage. A cela je réponds : Saint-Preux partir d'après de mauvais propos, pour mortifier quiconque en est l'objet, au risque de faire une injustice ! Peuvent-ils quelque chose sur un cœur de la trempe du sien ? Est-il fait seulement pour les entendre ? Tel est l'ascendant des favorables impressions que vous m'avez faites, Monsieur. Les apparences ont beau déposer contre vous, je ne puis me résoudre à vous croire coupable. Je pense, je dis que vous pouvez avoir des motifs que je ne pénètre pas, et dont la manifestation vous réhabiliteroit dans notre société.

A la vérité, vous m'en devez compte, et vous ne pouvez me le refuser sans vous nuire à vous-même ; car, enfin, quoiqu'il n'y ait aucun danger apparent à manquer de ménagemens pour moi, une ame comme la vôtre ne sauroit échapper à la punition de ses torts. Une ame comme la vôtre...... oui, je la distingue encore. L'auteur d'*Héloïse* doit être le meilleur ou le plus faux de tous les hommes ; et comment croire que vous n'êtes pas le meilleur ?.......
Ici, je reçois un billet d'un homme qui fait grand cas de vous. Ce billet est en réponse à une invitation, aussi modeste qu'elle doive l'être, quand on a peu de mérite et de fortune. Il me prend envie de vous le copier, il me paroît original ; le voici :

« Il n'est point d'engagement qu'on ne sa-
» crifie au plaisir d'un tête à tête avec les belles,
» à plus forte raison quand une belle est en
» même-temps un sage. Mardi, Monsieur de ***
» aura l'honneur de se rendre chez Madame
» de ***. Pour vous cette dame se nomme

» Julie. L'ennui ne sera point de la fête. Mon-
» sieur de *** doit faire, ce jour-là, une visite
» à un grave prélat : il aura soin de laisser ce
» dieu chez sa grandeur. C'est à Madame, à
» mettre de la partie l'esprit, la raison et les
» grâces. »

Cette copie est exacte : le trait, les deux points, tout est tel que le voilà. Le pauvre homme! il s'y connoît bien! *L'esprit, la raison, les grâces* : St.-Preux seroit bien muet, si je possédois tout cela! En vérité, je suis bien folle: aussi vous voulez que je vous écrive; et je ne puis pas vous parler de ce que vous m'écrivez, il faut bien que je vous parle de ce que m'é-crivent les autres; si je vous parlois toujours d'après moi, je vous gronderois toujours. Adieu, désespérant Saint-Preux, ne vous scandalisez pas de ce que je déraisonne; si je raisonnois, je ne vous écrirois pas.

Le 20 décembre, le 30 décembre, voilà les dates de mes deux dernières lettres; les avez-vous reçues? Faites au moins que je le sache.

A Montmorenci, le 11 janvier 1762.

Saint-Preux avoit trente ans, se portoit bien, et n'étoit occupé que de ses plaisirs; rien ne ressemble moins à Saint-Preux que J. J. Rousseau. Sur une lettre pareille à la dernière, Julie se fût moins offensée de mon silence qu'alarmée de mon état; elle ne se fût point, en pareil cas, amusée à compter des lettres et à souligner des mots; rien ne ressemble moins à Julie que Mme. de..... Vous avez beaucoup d'esprit, Madame, vous êtes bien aise de le montrer, et tout ce que vous voulez de moi ce sont des lettres : vous êtes plus de votre quartier que je ne pensois.

J. J. Rousseau.

(*De Julie.*)

Le 14 janvier 1762.

Je reçois votre lettre dans l'instant, quoique datée du 11, et je suis bien plus portée à croire que c'est la faute de la poste qu'une distraction de votre part; car elle a bien l'air d'être le fruit d'un premier mouvement. Peut-être vous seroit-il plus agréable que je n'y répondisse pas; mais ce n'est pas ici le moment de me taire. Bien moins différente de Julie que vous n'affectez de le penser, il ne me convient pas de me condamner à un silence, qui n'étant que l'effet de ma déférence à vos idées, ne manqueroit pas d'être attribué au ressentiment de mon amour-propre.

Voilà donc cette femme à qui il falloit *des adorations*, que vous vouliez *aimer autrement que tous ceux qui l'approchent*, dont les procédés vous ont *touché jusqu'aux larmes*, dont le mérite étoit supérieur *aux éloges*, dont le souvenir, quoi qu'il arrivât, devoit vous être *toujours cher*. La voilà déchue du rang qu'elle occupoit dans votre estime, parce que, dans la crainte que la monotonie n'ajoutât au dégoût que vous laissiez déjà entrevoir, elle s'est permis une innocente plaisanterie! On m'assura avant-hier que vous étiez heureux; on ne me convainquit point : votre brusque incartade me persuade. Quand on est injuste et dur, il y a cent contre un à parier qu'on est heureux. Vous l'avez dit vous-même d'une façon plus affirmative, parce qu'il vous sied de décider. De votre propre aveu, vous êtes donc heureux? Vous m'en devenez bien moins cher; mais du moins c'est perdre l'intérêt que je prenois à vous, de la seule manière dont je pusse ne pas le regretter.

Je me suis *alarmée* de votre état, Monsieur, et beaucoup trop, puisque vous ne le sentez plus.

J'ai bien moins *souligné* mes *mots* pour mon amusement que pour le vôtre; la preuve en existe dans le billet que j'écrivis à Claire (en lui envoyant ma dernière lettre à vous), où je me rappelle que je lui disois, après m'être étendue sur le chagrin que me cause la mort d'un de mes oncles, à qui j'étois fort attachée, et que je perdis le 8 de ce mois : « N'est-il pas ridicule » de t'envoyer, à côté de mes plaintes, la

» lettre que j'écris à Saint-Preux. Non, les re-
» grets que l'on donne à la perte d'un ami, ne
» déparent point les efforts que l'on fait pour
» aider à la conservation d'un autre. Pour
» cette fois, je ne dénigre, ni ne défends ma
» lettre; si j'ai bien pensé, elle est bonne; car
» j'y dis bien ce que je pense. Le commence-
» ment en est conforme à ma situation; une
» circonstance en a rendu la fin badine : Saint-
» Preux a plus besoin de folie que de raison,
» voilà mon apologie. »

Monsieur, je ne vois rien dans mes motifs que je doive me reprocher, sinon une trop grande confiance dans l'efficacité de mes attentions pour vous; vous en avez fourni le fondement, je l'ai bêtement adopté : qui de nous deux vous paroît le plus coupable? Pour moi, je vois entre nous la différence qu'il y a entre un homme fin et sa dupe.

Tout ce que je veux de vous, *ce sont des lettres*, dites-vous. Eh! que sont donc vos lettres, s'il vous plaît, quand elles ne contiennent pas l'expression d'un sentiment flatteur? Est-il un être que vos dédains honorent? Et, s'il en est un, croyez-vous pouvoir penser que c'est moi? L'enthousiasme peut bien me faire trouver à une chose plus de valeur qu'elle n'en a, sans m'aveugler jusqu'à en trouver à celle qui n'en a point du tout. J'ai voulu de vous de l'estime, de l'amitié, des égards, de tout cela plus qu'on n'en accorde au commun des gens en qui on reconnoît du mérite, et je n'en ai rien desiré que je ne dusse l'obtenir. Malgré cela, si mon ame pouvoit désavouer un de ses mouvemens, je désavouerois celui qui me porta à vouloir vous connoître. En vérité, on pardonneroit à peine aux trente ans de St.-Preux, ce que l'expérience de J. J. Rousseau ne l'empêche pas de faire. Au reste, vous avez beau m'ôter le nom de Julie, je vous défie de m'en ôter le cœur. C'est dommage que vous ne puissiez pas me faire tout le mal que vous me souhaitez; d'autant plus que si le peu que vous m'en faites, me paroît encore trop difficile à soutenir, je suis libre de penser que le nom de Julie même me convenoit, mais ne me relevoit pas.

Je n'insiste plus sur la continuation d'un commerce qui ne me promet plus de douceurs, et qui, sans doute, ne vous en a jamais procuré. Vous savez que j'ai de l'esprit; je sais, moi, que vous n'avez que de l'esprit. Ce commerce m'a détrompé de la philosophie; que pourroit-il me valoir encore? Il falloit bien qu'il finît : c'est le sort de tout ce qui commence. Si vous devez le subir avant moi, votre injustice présente me rend un grand service. Adieu, Monsieur; je serois bien fâchée d'avoir empoisonné les derniers momens de notre existence relative, par quoi que ce fût qui eût pu vous coûter un sentiment pénible. Grâces au ciel, tout est dans l'ordre ; vous avez les torts et le courage qu'il faut pour les supporter.

Dernière lettre de Mme ***.

Le 15 janvier 1762.

C'est sans doute, ma Julie, parce que Molière consultoit sa servante, que tu veux avoir mon avis sur ta lettre à Jean-Jacques. Eh bien! la voilà : elle est délicieuse; non moins pleine de dignité que de délicatesse et d'esprit. J'aimerois mieux l'avoir faite que le roman d'*Héloïse.* Je ne puis t'exprimer, ni bien comprendre moi-même, tout ce que m'inspire, en revanche, la lettre de ton ours. Si je n'y avois remarqué que du caprice, cela ne me surprendroit pas; mais en me rappelant les précédentes, je trouve dans l'ensemble de l'inconséquence, de la fausseté, de l'impertinence, etc. Je me suis donné trois fiers coups de poing sur la poitrine, du commerce que je me suis avisée de lier entre vous. Socrate disoit qu'il se miroit, quand il vouloit voir un fou. Donnons cette recette à notre animal, pour lui épargner la peine de quitter son antre, quand il aura pareille curiosité. En vérité, si Diogène vivoit, il brûleroit encore plus d'une chandelle. Comme tu l'as très-bien dit un jour, ma Julie, la portion d'estime que Dieu t'a départie ne sera pas perdue. Tu peux en ajouter pour toi, tout ce que tu en ôteras à bien des gens. La mienne va toujours en augmentant, et n'est pourtant que le moindre des sentimens que je t'ai voués. Mon mari, qui se prie chez toi pour jeudi, prétend qu'il faut enterrer Jean-Jacques auprès de son chien. Je trouve, moi, qu'il lui fait encore trop d'honneur.

(*De Julie.*)

Le 23 janvier 1762.

J'apprends que vous avez eu une violente attaque de la cruelle maladie que vous avez trop négligée. De grâce, faites-moi instruire de votre état par la personne qui vous sert. Je serois au désespoir que l'intérêt que j'y prends fût satisfait aux dépens de votre tranquillité; que mes inquiétudes soient calmées, c'est tout ce qu'il me faut.

Je vous écris à l'insu de Claire; elle vous blâme trop pour m'approuver. Que n'avez-vous confirmé l'opinion que j'avois de vous! Mais j'eusse été trop contente. Adieu. Avec quelle amertume je sens que c'est pour moi que je vous écris!

(De la même au même.)

Le 30 janvier 1762.

Que vous est-il donc arrivé ? N'avez-vous pas reçu une lettre du 23, par laquelle je vous priois en grâce de me faire instruire de votre état par la personne qui vous sert ? Ou bien étoit-ce encore trop prétendre ? A qui voulez-vous que je m'adresse pour avoir de vos nouvelles, étant obligée pour vous-même de cacher l'intérêt que je prends à vous ? Je ne sais à quelle idée m'arrêter ; toutes celles qui vous sont défavorables me répugnent ; je ne puis me déterminer à vous croire aussi ingrat que vous consentez à le paroître. Je suis dans la plus fatigante perplexité ; si mon cœur n'étoit pas hors de la classe commune, je n'oserois m'avouer jusqu'à quel point je m'occupe de vous. A quel nom vous demanderai-je de dissiper mes alarmes ? Que faire valoir auprès d'un homme aux yeux de qui l'amitié la plus pure n'est d'aucun prix ? Faites donc que je vous oublie. Adieu : prolongez mes inquiétudes, si c'est une jouissance pour vous; mais ne vous flattez pas que l'inutilité de mes démarches m'engage à me les reprocher. J'ai besoin de vous rendre toute mon estime, ou de perdre jusqu'au desir de vous estimer; si vous me réduisez à cette extrémité, j'en gémirai, mais je ne rougirai pas de m'être trompée : la vertu est si belle, qu'il est même beau de se laisser séduire par ce qui n'en a que l'apparence.

A Montmorenci, le 21 janvier 1762.

Je vous ai écrit, Madame, espérant à peine de revoir le soleil; je vous ai écrit dans un état où, si vous aviez souffert la centième partie de mes maux, vous n'auriez sûrement guères songé à m'écrire; je vous ai écrit dans des momens où une seule ligne est sans prix. Là-dessus, tout ce que vous avez fait de votre côté a été de compter les lettres, et voyant que j'étois en reste avec vous de ce côté, de m'envoyer pour toute consolation des plaintes, des reproches, et même des invectives. Après cela, vous apprenez dans le public que j'ai été très-mal, et que je le suis encore; cela fait nouvelle pour vous. Vous n'en avez rien vu dans mes lettres; c'est, Madame, que votre cœur n'a pas autant d'esprit que votre esprit. Vous voulez alors être instruite de mon état; vous demandez que ma gouvernante vous écrive; mais ma gouvernante n'a pas d'autre secrétaire que moi, et quand dans ma situation l'on est obligé de faire ses bulletins soi-même, en vérité, l'on est bien dispensé d'être exact. D'ailleurs, je vous avoue qu'un commerce de querelles n'a pas pour moi d'assez grands charmes pour me fatiguer à l'entretenir. Vous pouvez vous dispenser de mettre à prix la restitution de votre estime ; car je vous jure, Madame, que c'est une restitution dont je ne me soucie point.

J. J. Rousseau.

(*De Julie.*)

Le 2 février 1762.

Mille grâces, Monsieur, de la lettre que je reçois de vous. Toute dure qu'elle est, je préfère son effet, à ceux de l'inquiétude dont j'étois tourmentée à votre sujet. Si mon cœur manque d'esprit, heureusement il a des yeux, et votre écriture me paroît assez assurée pour en conclure que votre santé est moins mauvaise que je ne l'ai craint. Ma douleur change donc d'objet : tant mieux, elle en sera moins vive ; je souffrois bien plus de vos maux que je ne souffre de vos outrages.

A Dieu ne plaise, Monsieur, que m'obstinant à jouer le rôle d'importune, je vous fatigue par la continuation d'un commerce que je n'ai ni commencé, ni entretenu dans le dessein de quereller ! Je ne vous demande plus qu'un éclaircissement qui m'est de la dernière importance, et que vous ne pouvez me refuser sans choquer toutes les règles de l'équité. Comment est-il possible que vous me juriez que vous ne vous souciez point de la restitution de mon estime, après m'avoir dit, il y a peu de temps, que vous étiez bien aise de me connoître sans m'avoir vue, afin de dérober à ma figure un cœur qui m'appartient, et de m'aimer autrement que tous ceux qui m'approchent ? Si cette précieuse façon de penser étoit une erreur, qui l'a détruite ? Au reste, Monsieur, ne vous offensez pas de ce que je vous rappelle un temps que vous avez rendu trop court : c'étoit celui du triomphe de la vérité, et du mien, il sera toujours présent à ma mémoire. C'est sans doute l'imposture qui lui en a fait succéder un que vous employez à insulter sans relâche cette même vertu que vous avez admirée en moi, et qui n'ayant pas pour but l'estime des hommes, ne sera point découragée par la perte de la vôtre, quoique jamais elle ne l'oublie jusqu'au point de la mépriser. Rompez tout commerce avec moi, si cela peut diminuer la somme de vos embarras, si l'humanité vous doit une victime ; accablez-moi des procédés humilians dont mon sexe, et bien plus encore mon caractère et mes mœurs auroient dû me garantir ; mais ne me refusez pas les lumières que je vous demande ; dites-moi quels sont mes torts ; je vous promets de ne point entrer en justification. Si je me reconnois coupable, j'apprendrai que de bonnes intentions ne sont pas toujours des guides sûrs. Si je suis obligée d'attribuer vos accusations ou à l'altération que la violence des douleurs apporte dans les idées, ou aux calomnies de quelques ennemis cachés, je mettrai à profit les ressources que, lorsque vous me rendiez justice, vous disiez être à mon usage; et j'éprouverai plus que jamais, *qu'une* ame *honnête et* noble *peut avoir des afflictions ; mais qu'elle a des dédommagemens ignorés de toutes les autres.* Adieu, Monsieur, adieu pour jamais, puisqu'il vous est indifférent de savoir que je pense à vous; je vous croyois le cœur sensible.

(*De la même.*)

Le 23 février 1762.

S'il vous est possible de me donner de vos nouvelles, fût-ce aussi laconiquement que je vous en demande, Monsieur, je serai charmée d'apprendre que votre situation ne soit pas empirée. De grâce, ne consultez pas votre premier mouvement ; je sais que depuis un temps il ne m'est pas favorable ; mais j'espère tout de vos réflexions.

Un homme qui a inutilement voulu me persuader que vous faisiez grand cas de lui, et dont j'ai réprimé les impertinentes saillies, a résolu, pour s'en venger, de vous dire du mal de moi. Je ne vous le nommerai point ; s'il exécute son indigne projet, je veux que la méchanceté vous fasse connoître le méchant ; s'il ne l'exécute pas, je serois fâchée que vous sussiez qu'il a pu le former. Mais, dans toutes les suppositions possibles, j'ai cru que l'intérêt de la vérité m'obligeoit à vous prévenir.

(*De la même.*)

Le 8 mars 1762.

Vous avez beau ne pas me répondre, Monsieur, il y a des choses incroyables, de quelqu'autorité qu'elles soient appuyées, et je ne croirai jamais que vous soyez insensible aux marques de mon souvenir. Si l'estime étoit un sentiment arbitraire, je pourrois craindre sérieusement d'avoir perdu la vôtre; mais il y a des qualités qui captivent celle de toute ame honnête; et ces qualités-là sont dans mon ame, vous le savez. Cela posé, comme il est impossible que vous ne soyez pas flatté de ma persévérance, je vous écris, malgré les petites considérations personnelles qui pourroient m'arrêter, et la parole que je vous ai indiscrètement donnée de ne plus fixer votre attention sur moi. Je ne puis tenir contre l'idée de vous faire plaisir; et certainement, en multipliant mes soins, je sers, ou l'inclination que vous m'avez autrefois marquée, ou votre amour-propre, ou votre ressentiment, peut-être tous les trois ensemble. Tenez, vous êtes précisément par rapport à moi, ce que seroit par rapport à un amateur de sculpture, un des chefs-d'œuvres de Phidias, que le temps auroit endommagé ; l'altération qu'il en auroit reçue n'empêcheroit pas qu'il ne fût un monument précieux de l'habileté de ce fameux artiste, et loin de diminuer de son prix aux yeux du connoisseur, elle serviroit de preuve à son authenticité. De même le travers que vous avez pris contre moi, est le cachet de la nature ; comme l'humanité a toujours un côté défectueux, si je ne connoissois pas le vôtre, les vertus que j'admire en vous me paroîtroient suspectes d'affectation, et je vous supposerois peut-être des défauts plus considérables que ceux que vous me montrez. Je me défie des gens en qui tout est louable. Voilà sous quel jour j'envisage votre conduite ; aussi, le cas que je faisois de vous n'en est point affoibli, et je regarderois comme une injustice qu'il le fût ; car enfin, je n'avois pu vous imaginer un être parfait, et les choses qui m'ont prévenue pour vous n'en subsistent pas moins. Pour avoir des torts avec moi, vous n'en êtes pas moins le plus éloquent des hommes, et celui qui me semble avoir porté le plus loin la connoissance du cœur humain ; je ne vous en dois pas moins les plaisirs infinis que j'ai goûtés en lisant vos écrits, et les voluptueuses larmes qu'ils m'ont mille fois arrachées; enfin, vos idées, quelquefois singulières, mais toujours nobles et heureuses, ne m'en paroissent pas moins l'achèvement des miennes. Ainsi, dussiez-vous éternellement garder le silence avec moi, vous ne l'imposerez jamais au sentiment distingué qui me parle pour vous. Votre existence, votre santé, votre bonheur seront des objets extrêmement intéressans pour moi; je rechercherai toujours tout ce qui sortira de votre plume, avec plus d'empressement qu'il n'en appartient à mes foibles connoissances, dût-on s'appercevoir que mon cœur aide mon esprit, dans l'appréciation de vos ouvrages; et j'ai si peur qu'il m'échappe quelque chose de vous, que je fais venir de Hollande *la nouvelle Héloïse*. Adieu, Monsieur; sans l'intolérable rigueur du temps, j'aurois envoyé savoir de vos nouvelles; il s'adoucira; j'y enverrai sans doute. Tout ce que je vous demande, c'est de ne pas recevoir trop mal celui de mes gens qui sera encore une fois chargé de cette commission. Je serois bien humiliée qu'il pût observer dans la diminution de vos bontés pour lui, la révolution qui s'est faite dans votre façon de penser pour moi.

(*De la même.*)

Le 1ᵉʳ. avril 1762.

Je demande de vos nouvelles à tout ce que je vois, Monsieur; mais je vois si peu de monde, que personne ne me satisfait pleinement sur ce chapitre, qui ne cessera jamais d'être intéressant pour moi. S'il vous est possible d'écrire deux mots, de grâce accordez-les à mon inquiétude. Vous m'aviez tant promis que mon souvenir vous seroit toujours cher ! Qu'ai-je donc fait?..... Pardonnez : les ames tendres ont toujours trop de propension à se plaindre.

(De Rousseau.)

Ma situation, Madame, est toujours la même, et j'avoue que sa durée me la rend quelquefois pénible à supporter; elle me met hors d'état d'entretenir aucune correspondance suivie, et le ton de vos précédentes lettres achevoit de me déterminer à n'y plus répondre; mais vous en avez pris un dans les dernières, auquel j'aurai toujours peine à résister. N'abusez pas de ma foiblesse, Madame ; de grâce, devenez moins exigeante, et ne faites pas le tourment de ma vie d'un commerce qui, dans tout autre état, en feroit l'agrément.

Ce 4 avril 1762.

(*De Julie.*)

Le 8 avril 1762.

Je ne suis pas aussi malheureuse que je le croyois, puisque j'ai vaincu votre silence, Monsieur; mais je le suis encore; achevez votre ouvrage, rendez-moi le nom de Julie, rendez-moi les sentimens dont vous m'aviez flattée, en consentant à me le donner. Pourriez-vous refuser quelque chose à la satisfaction d'une personne qui voudroit tout faire pour la vôtre? Ce n'est point sur les charmes de ma figure, ce n'est point sur les agrémens de ma conversation, que vous vous êtes déclaré pour moi; c'est sur l'exposé fidèle, je l'ose dire, de la conduite que j'ai tenue dans les circonstances les plus épineuses où une jeune femme puisse se trouver. Perd-on le mérite d'une belle ame, l'éclipse-t-il sans retour, par quelques torts passagers? Sans doute j'en ai eus, puisque vous vous plaignez du ton de quelques-unes de mes lettres; mais pouvois-je mieux prouver qu'il n'étoit pas à moi, ce ton, qu'en le quittant sans m'en appercevoir ? Où l'avois-je donc pris ? Pourquoi m'en servois-je ? Je n'en sais rien. On voit tous les jours, sans s'en étonner, le plus vilain masque sur le plus joli visage.

Quoique j'aie fort à cœur que vous me rendiez les biens que je réclame, Monsieur, il m'importe infiniment davantage que vous soyez persuadé que, faite pour desirer de vous bien des choses, je suis incapable d'en rien exiger. Votre liberté me paroît si précieuse, je suis si éloignée de vouloir la contraindre, que si on vouloit me fournir des moyens honnêtes d'acquérir des droits sur elle, j'aurois le courage de les refuser. Quand vous voudrez faire diversion à vos maux, par un plaisir bien digne de vous, rappelez-vous que vous m'avez souhaité du bien; dites-moi que vous m'en souhaitez encore, et ne doutez pas que ce ne soit là la façon la plus sûre de m'en procurer.

Je vois revenir le printemps avec une joie extrême; on m'a assuré que cette saison étoit la plus favorable à votre santé. Que mes vœux ne peuvent ils la fixer! Adieu, Monsieur; mon commerce est déjà si peu piquant pour vous, que je vous prie de ne pas regarder le soin de me répondre, comme un de ceux qui demandent de la célérité. Il est bien vrai qu'en m'écrivant, vous me rendrez service ; mais je n'ai jamais été si disposée à attendre ce que j'attendois de vous, parce qu'en vous trouvant mieux disposé pour moi, j'obtiens déjà bien plus que je n'avois espéré.

(*De la même.*)

Le 21 avril 1762.

J'envoie savoir de vos nouvelles, Monsieur; ne prenez point cette attention pour une importunité; elle ne vous engage à rien autre chose qu'à dire à mon commissionnaire comment vous vous portez. Vous auriez plus souvent cette réponse à faire, si je pouvois me confier à d'autres qu'à mes gens, et si les ménagemens que j'ai pour eux me permettoient de risquer souvent de les fatiguer.

Je n'ose vous parler de Claire, et je suis inquiète de ce que vous pensez du silence que je garde à son égard. Il doit vous paroître singulier, ou bien, ce qui seroit pire pour moi, vous imaginez que je ne m'acquitte pas des commissions dont elle me charge pour vous. Je vais vous dire la chose tout comme elle est : j'ai pour principe de ne choquer les idées de personne; Claire, qui est plus capable que toute autre de sentir les agrémens de votre commerce, mais dont l'esprit s'intéresse plus volontiers que le cœur, a été très-piquée de l'indifférence que

ous m'avez marquée. Chacun a sa façon de
oir ; son avis étoit que je ne m'exposasse plus
 la sécheresse de vos réponses. Je n'ai pas dit
utrement qu'elle, parce que je ne savois à
uoi me déterminer; et, lorsque mon extrême
révention pour vous l'a emporté sur les rai-
ons d'amour-propre qui auroient pu m'arrêter,
2 mauvais succès de mes démarches m'a em-
êché de les lui avouer. Ainsi, elle croit notre
orrespondance terminée du mois de janvier.
Ldieu, Monsieur; je souhaite passionnément
jue le beau temps calme vos douleurs, et ra-
ime vos inclinations bienfaisantes. Je me fais
ionneur de tout ce qu'il y a de personnel dans
e desir.

(*De Rousseau.*)

24 avril 1762.

J'étois si occupé, Madame, à l'arrivée de votre exprès, que je fus contraint d'user de la permission de ne lui donner qu'une réponse verbale. Je n'ai pas un cœur insensible à l'intérêt qu'on paroît prendre à moi, et je ne puis qu'être touché de la persévérance d'une personne faite pour éprouver celle d'autrui; mais, quand je songe que mon âge et mon état ne me laissent plus sentir que la gêne du commerce avec les dames, quand je vois ma vie pleine d'assujétissemens, auxquels vous en ajoutez un nouveau, je voudrois bien pouvoir accorder le retour que je vous dois avec la liberté de ne vous écrire que lorsqu'il m'en prend envie. Quant au silence de votre amie, j'en avois deviné la cause, et ne lui en savois point mauvais gré, quoiqu'elle rendît en cela plus de justice à ma négligence qu'à mes sentimens. Du reste, cette fierté ne me déplaît pas, et je la trouve de fort bon exemple. Bonjour, Madame, on n'a pas besoin d'être bienfaisant pour vous rendre ce qui vous est dû; il suffit d'être juste, et c'est ce que je serai toujours avec vous, tout au moins.

(*De Julie.*)

Le 28 avril 1762.

De grâce, Monsieur, n'attribuez point ce que je vais vous dire à l'envie de chicaner sur les mots ; le sentiment, qui dicte tout ce qu'on vous adresse, doit en vérité tout faire passer. Il y a, dans la réponse que vous avez bien voulu me faire, une phrase qui m'a été jusqu'au cœur ; car avec vous je n'ai point de vanité. La voici, cette phrase : *Au reste, la fierté de votre amie ne me déplaît pas, et je la trouve de fort bon exemple.* Est-ce que vous me blâmeriez de ne l'avoir pas imitée ? Faites attention, je vous prie, Monsieur, que Claire avoit à venger ma délicatesse outragée ; que c'étoit pour moi qu'elle vous avoit écrit ; que c'étoit en moi qu'elle avoit cru appercevoir assez de conformité avec Julie pour imaginer que mon existence devoit vous intéresser ; que c'étoit moi, enfin, qu'il s'agissoit de lier avec vous, et qu'elle ne se regardoit elle-même que comme l'instrument honnête d'un commerce honnête aussi, dans son principe et dans sa fin. Si Claire s'étoit passionnée comme moi pour le génie qui a produit vos ouvrages ; si j'avois vu ses larmes attester sa sensibilité à tout ce qui venoit de vous; si, après avoir goûté le plaisir d'être le premier objet de votre attendrissement, elle étoit devenue la victime de votre dureté ; enfin, si j'avois plaisanté comme elle, et qu'elle eût senti comme moi, je ne sais si elle feroit à présent comme moi, mais certainement je ferois comme elle.

Vous ne sentez plus actuellement que la gêne du commerce avec les dames, Monsieur ! Je ne vois pas que cela doive vous dégoûter du mien, qui ne vous en impose aucun. Puisque, malgré votre justice et mes instances, vous ne voulez pas me rendre le nom de Julie, je ne veux plus être femme à vos yeux ; honorez-moi du titre de votre ami ; mon cœur a toutes les qualités et tous les sentimens qui y répondent ; je m'accommoderai bien mieux de la liberté avec laquelle on traite un ami, que de ce que vous ne rendriez qu'à mon sexe. Ne m'écrivez que lorsque l'envie vous en prendra : cela ne m'empêchera pas de vous écrire de temps à autre. S'il vous convient mieux que je ne vous écrive point du tout, dites-le moi franchement; quoi qu'il m'en coûte, je ferai ce sacrifice, et je regretterai toujours que ce soit le seul que la fortune ait mis en mon pouvoir.

M. de Sire-Jean m'a dit qu'il vous avoit constitué juge d'un différend qu'il a avec une femme, et que vous aviez prononcé contre elle une décision fort amère : ce sont ses termes. Cette femme, Monsieur, c'est moi ; il m'a juré qu'il ne m'avoit pas nommée ; car je le lui ai demandé bien plus par curiosité que par crainte. Ce ménagement me paroît insultant, et je suis bien aise de le rendre inutile. La personne qui l'avoit prié de lui rendre un léger service, c'est Claire; elle lui avoit donné rendez-vous chez moi pour savoir le succès de ses soins, dont elle ne fut pas contente. A la vérité, l'intérêt que je prends à elle s'exprima chaudement ; mais je ne parle qu'à condition de dire vrai, et d'ailleurs j'étois déjà si indisposée contre M. de Sire-Jean pour mon propre compte, que j'aurois refusé de le recevoir dès ce jour-là, comme je l'ai toujours fait depuis, sans le respect que les malheurs de Claire me donnent pour ses intentions. Elle m'a dispensée d'en pousser plus loin les témoignages ; aussi est-ce au Palais-Royal que M. de Sire-Jean m'a dit qu'il vous avoit vu, et qu'il comptoit vous voir mardi dernier ou mardi prochain. Je l'aurois peut-être fort embarrassé, si je lui avois dit que j'ai l'honneur d'être en correspondance avec vous ; mais j'avois plus d'une raison pour ne le lui pas dire. Je ne doute pas qu'il ne se plaigne beaucoup de moi ; car j'ai beaucoup à me plaindre de lui ; et j'ai remarqué qu'on ne pardonne jamais plus difficilement que lorsqu'on a tort. Il m'en feroit un bien plus essentiel qu'il ne le pense, s'il fortifioit l'éloignement que vous avez pris pour moi. Cependant, je ne prendrai contre ce malheur aucune prétention indigne de mon caractère. Puisque vous connoissez mon accusateur, c'est à vous à le juger.

(*De Rousseau.*)

A Montmorenci, le 21 mai 1762.

Vous avez fait, Madame, un petit *quiproquo*; voilà la lettre de votre heureux papa; redemandez-lui la mienne, je vous prie; étant pour moi, elle est à moi, je ne veux pas la perdre; car depuis que vous avez changé de ton, votre douceur me gagne; et je m'affectionne de plus en plus à tout ce qui me vient de vous. Ce petit accident même ne vous rend pas, dans mon esprit, un mauvais office; et dût-il entrer du bonheur dans cette affaire, on ne peut que bien penser des mœurs d'une jeune femme, dont les méprises ne sont pas plus dangereuses.

Mais à juger de vos sociétés par les gens dont vous m'avez parlé, j'avoue que ce préjugé vous seroit bien moins favorable. Je n'avois de ma vie ouï parler de S......., non plus que de M. M....., dont vous m'avez fait mention ci-devant. Mon prétendu jugement contre vous a été controuvé par le premier, ainsi que mon prétendu voyage à Paris par l'autre : je n'aime point à prononcer ; je ne blâme qu'avec connoissance, et ne vais jamais à Paris. Que faut-il donc penser de ces messieurs-là, Madame, et quelle liaison doit exister entre vous et de telles gens?

(*De Julie.*)

Le 22 mai 1762.

La lettre qui vous appartient, et que vous daignez redemander, Monsieur, est allée en Suisse, comme vous avez dû le voir, par celle que le hasard a fait tomber entre vos mains. Je ne doute pas qu'on ne me la renvoie; vous l'aurez assurément : elle ne convient qu'à vous, et doit faire, dans l'esprit de mon papa, un effet aussi bon que la sienne a fait dans le vôtre. Il me connoît trop pour se méprendre au ton qui y règne : il en conclura que je suis en relation avec un homme du premier mérite; ainsi je suis toute consolée de ma méprise. Elle humilieroit pourtant bien un peu l'amour-propre d'un autre; car cette lettre ne prouve pas une grande supériorité de sentimens entre vous et moi ; mais, dans ma façon de voir, ceux que j'ai conçus pour vous n'ont pas besoin d'être heureux pour être honorables.

Votre lettre m'a étonnée au-delà de toute expression ; quelque mince opinion que j'eusse de M. Sire-Jean, je ne le croyois pas capable de tant de fausseté ! Il faut être bien accoutumé au mensonge, pour fabriquer une histoire pareille à celle qu'il m'a faite, et pour la débiter avec autant d'effronterie ! Je suis bien fâchée que le mystère, dont cent raisons m'obligent d'envelopper notre correspondance, ne me permette pas de lui montrer votre lettre. Je l'enverrois chercher tout exprès : on peut voir un impudent, peut-être le doit-on, quand c'est pour le confondre. Au surplus, Monsieur, cet homme n'est point de ma société ; vous auriez bien dû le juger à la façon dont je vous en ai parlé. J'ai eu l'honneur de vous dire qu'il avoit été présenté chez moi par Claire, que je n'ai jamais pu déshabituer de m'amener, malgré moi, tout ce qui met le pied chez elle ; et qu'après sa troisième visite, que je n'ai même reçue que parce que j'en attendois quelqu'avantage pour Claire, je lui avois fait fermer ma porte irrévocablement. La crainte de faire de la peine aux autres, me met trop souvent dans le cas d'en éprouver moi-même ; j'ai voulu ménager Claire, et je me suis sans doute fait, d'une connoissance méprisable, un ennemi dangereux. Je vous prie, Monsieur, de ne pas ranger M. Maillard dans la même classe que

M. de Sire-Jean. Ce M. Maillard, que je connois aussi par Claire, est un homme très-honnête, qui m'a beaucoup aimée, et qui m'est encore attaché, quoiqu'il n'ait pu faire de moi que son amie (j'appuie sur cette circonstance, parce qu'il y a peu d'hommes dans l'éloge de qui elle pût entrer.) Il y a long-temps que je le connois; il a l'estime de beaucoup de gens de bien; je lui ai des obligations, et nous n'avons rien à lui reprocher, si ce n'est d'avoir trop présumé de son crédit, lorsqu'il se flatta de vous engager à venir chez moi. Il devoit effectivement dîner avec vous dans une maison, je crois aux environs de Pierrefite, et m'a dit tout naturellement depuis que vous n'aviez pas pu y venir. Cela ne ressemble point à la conduite de M. de Sire-Jean. Adieu, Monsieur, je vois à votre style que vous vous portez mieux, et j'en suis enchantée. Je vous déclare que, si je le puis, je vous ferai tant avancer cet été dans les dispositions favorables que vous paroissez reprendre pour moi, que cet hiver vous ne pourrez plus vous en dédire.

P. S. Pardonnez-moi cette enveloppe. En vérité, je ne vaux pas ce que je vous coûte;

mais en relisant votre lettre, je m'apperçois que je n'ai pas assez justifié M. Maillard. Beaucoup de gens dont vous n'entendez pas parler, entendent parler de vous : il est tout simple qu'on l'ait flatté de lui faire faire connoissance avec vous, et qu'on lui ait dit comme nouvelle, que vous alliez venir à Paris. Je l'ai bien cru, moi; la chose n'est pas incroyable ; peut-être l'ai-je dit, et certainement je ne voulois pas mentir ; il est peut-être, il est sûrement dans ce cas-là.

(*De la même.*)

Le 27 mai 1762.

En arrivant hier de l'abbaye de Bon-Secours, où je passe un jour de chaque semaine, je trouvai chez moi quatre volumes qui portoient mon adresse bien circonstanciée, et dont il me sembla que je ne connoissois pas l'écriture. Je les déficelai avec empressement ; et , je fus d'autant plus enchantée de reconnoître l'auteur, au titre de l'ouvrage, que je ne m'attendois pas de votre part, Monsieur, à une attention si marquée. Mais, quand on m'apporta un second exemplaire, destiné à Claire, car on ne me le remit pas en même-temps, ma joie diminua de moitié. Pourquoi balancerois-je à vous avouer ce mouvement ? J'ose croire qu'il n'est pas tout-à-fait condamnable , puisqu'il s'est trouvé dans mon ame : je me distingue assez par le degré d'attachement que j'ai pris pour vous , pour qu'il me soit permis de souhaiter que vous me distinguiez aussi. D'ailleurs, ceci n'est pas une affaire purement de délicatesse. Le présent que vous me faites, dont je sens tout le prix, et dont je vous fais de sincères remercîmens, m'a d'abord sensiblement flattée : celui que vous faites à Claire me jette dans la plus critique position. Faites-moi la grâce de m'écouter un moment, et vous concevrez combien ce double cadeau m'embarrasse. Il n'est pas vraisemblable qu'ayant rompu durement avec nous, ce que Claire croit, et ce qui seroit sans mon acharnement à vous écrire, vous nous envoyiez vos ouvrages; cela a l'air d'un retour, que les dernières de vos lettres que Claire a vues n'annonçoient point du tout. Si je lui donne *Émile* de votre part, elle me fera cent questions; je ne sais point mentir, et je ne veux pas à cet égard lui dire la vérité. Elle, sa famille, et surtout son mari, ont pris si fort au grave la façon dont vous m'avez traitée, que je déchoirois beaucoup dans leur opinion, s'ils savoient qu'elle ne m'a pas rebutée : on blâme toujours ce qu'on ne feroit pas. Jamais ils ne me parlent de vous; je ne leur en parle pas non plus; et la courte correspondance dont ils ont connoissance, est entr'eux et moi, au rang des choses non-avenues. Tenez, Monsieur, vous m'obligerez infiniment, si vous voulez bien me permettre de vous renvoyer l'*Emile* que vous m'avez adressé pour Claire : assurément je serai fort aise qu'elle l'ait, pourvu que ce soit moi qui lui donne; il faut même qu'elle ignore que je le tiens de vous ; il sera tout simple qu'elle pense que je l'ai acheté, et tout simple aussi, qu'en faisant grand cas, je le lui procure. Mon Dieu! que je suis malheureuse d'être enchaînée de tous côtés! Vous ne sauriez croire ce que me coûte le rôle que je suis forcé de jouer vis-à-vis de vous dans cette occasion : pour lui donner une apparence plus honnète, il faudroit que, dans le fond, il le fût moins. Il y a bien des sortes de liens pour une ame sensible, Monsieur..........Je ferai pourtant ce que vous voudrez, et ce n'est que parce que je suis disposée à suivre vos intentions, à mes propres risques, que je fais partir cette lettre par la poste, au lieu d'en charger un de mes gens, en vous renvoyant votre livre. Ayez la bonté de me mander promptement à quoi vous vous décidez : si vous persistez dans votre première idée, je ne puis trop tôt m'accorder de votre désespérante commission. J'aurois grand besoin dans ce moment-ci que vous me connussiez davantage........ Adieu.

(*De Rousseau.*)

Ce samedi 29.

La preuve, Madame, que je n'ai point voulu mettre en égalité votre amie et vous, est que son exemplaire vous a été remis, quoique j'eusse son adresse ainsi que la vôtre. J'ai pensé qu'ayant une fille à élever, elle seroit peut-être bien aise de voir ce livre; et comme le libraire le vend fort cher, et qu'elle n'est pas riche, j'ai pensé encore que vous seriez bien aise de le lui offrir. Offrez-le lui donc, Madame, non de ma part, mais de la vôtre, et ne lui faites aucune mention de moi. Du reste, quoi que vous puissiez dire, je n'appelerai ni Julie, ni Claire, deux femmes dont l'une aura des secrets pour l'autre. Car, si j'imagine bien les cœurs de Julie et de Claire, ils étoient transparens l'un pour l'autre; il leur étoit impossible de se cacher; contentez-vous, croyez-moi, d'être Marianne; et si cette Marianne est telle que je me la figure, elle n'a pas trop à se plaindre de son lot.

Le 1er. juin 1762.

La force des circonstances pouvoit seule m'obliger à priver Mme. *** d'un avantage que j'apprécie tout ce qu'il vaut ; il m'en a plus coûté que je n'ai pu vous le dire, Monsieur ; et, si l'attention que vous avez eue pour moi pouvoit se payer, en vérité, je l'aurois achetée. Vous ne voudriez pas que je me fisse une seconde violence, sans motifs et sans dédommagemens, en faisant honneur à ma générosité auprès de Mme. *** de ce qu'elle devroit à la vôtre. Vous ne trouverez pas mauvais que je vous renvoie l'*Éducation* ; je ne l'avois gardée, qu'au cas que vous exigeassiez que je la présentasse de votre part, ce que j'aurois fait, malgré toutes mes répugnances : je m'en suis expliquée. Sur-tout, Monsieur, ne voyez dans le refus que je fais de ce second exemplaire, que mon attachement à la vérité ; soyez persuadé que j'ai accepté l'autre avec transport, et que je vous estime trop pour compter ce que je reçois de vous. S'il faut être aussi heureuse que Julie pour prétendre à l'honneur de porter son nom, j'y renonce ; mais, quelque qualité que vous me supposiez, si vous supposez que je ne lui ressemble pas, comment voulez-vous que je sois contente de mon lot? Ne l'avez-vous pas imaginée telle qu'il faut être, pour être bien à votre gré. Au surplus, que votre imagination me fasse grâce ou non, je me lasse de n'être connue de vous que par elle; et si le préjugé n'étoit pas contre ma visite, je ne tiendrois pas à l'envie d'aller détruire ou perfectionner l'idée que vous avez de moi. Je ne vous dirai rien d'*Emile :* je n'ai pas voulu le lire qu'il ne fût relié ; c'est une précaution que j'ai coutume de prendre pour les livres des auteurs que j'aime.

Vos intentions seront remplies ; Mme. *** l'aura. Malheureusement sa fille est née trop tôt, pour être élevée suivant vos principes : elle a actuellement quinze ans. Mais, que disje? à cet âge, l'éducation est-elle achevée? L'est-elle jamais? Quant à moi, je compte bien faire mon profit de ce que vous en dites; je veux que vous ayez travaillé pour moi.

Le refroidissement du temps m'a beaucoup affligée : à peine goûté-je le plaisir d'espérer que vous vous portez mieux, que je voudrois vous savoir guéri! Vous ne sauriez croire combien je m'intéresse à votre santé : quoique je haïsse les chaleurs, jusqu'à préférer l'hiver à l'été, vous m'avez appris à les supporter sans impatience, à les desirer même. Julie auroit senti comme cela.

Marianne.

(*De Rousseau.*)

Le 1er. juin 1762.

Je suis mortifié, Madame, que mon exemplaire n'ait pu être employé, et peut-être ne vous sera-t-il pas si aisé de le remplacer que vous avez pu le croire ; car on dit que mon livre est arrêté et ne se vend plus ; à tout évènement, il reste ici à vos ordres. Je ne renonce qu'à regret à l'espoir de vous en voir disposer, et je vous avoue que la délicatesse qui vous en empêche, n'est pas de mon goût. Mais il faut se soumettre ; nous parlerons du reste plus à loisir. Votre voyage est une affaire à méditer ; car je vous avoue que, malgré mon état, j'ai grand peur de vous.

(*Du même.*)

A M. M. 4 juin 1762.

J'ai, Madame, une requête à vous présenter ; le cœur plein de vous, j'en ai parlé à Madame la maréchale de Luxembourg ; et, sans prévoir l'effet de mon zèle, je lui ai inspiré le desir de savoir qui vous êtes, et peut-être d'aller plus loin. Elle m'a donc chargé de vous demander la permission de vous nommer à elle, et je dois ajouter que vous m'obligerez de me l'accorder. Mais, du reste, vous pouvez me signifier vos volontés en toute confiance, vous serez fidèlement obéie. La seule chose que je vous demande pour l'acquit de ma commission, est, en cas de refus, de vouloir bien tourner votre lettre de manière que je puisse la lui montrer.

Dois-je desirer ou craindre la visite que vous semblez me promettre ? Je crois, en vérité, qu'elle m'ôte le repos d'avance ; que sera-ce après l'évènement, mon Dieu! Que voulez-vous venir faire ici de ces beaux yeux vainqueurs des Suisses? Ne sauroient-ils du moins laisser en paix les Gènevois ? Ah ! respectez mes maux et ma barbe grise, ne venez pas grêler sur le persil. Il faut pourtant achever de m'humilier, en vous disant combien les préjugés que vous craignez sont chimériques. Hélas! ce n'est pas d'aujourd'hui que de jolies femmes viennent impudemment insulter à ma misère, et me faire à-la-fois de leurs visites un honneur et un affront! Je ne sais pourquoi le cœur me dit que je me tirerai mal de la vôtre. Non, je n'ai jamais redouté femme autant que vous. Cependant je dois vous prévenir que si vous voulez tout de bon faire ce pélerinage, il faut nous concerter d'avance, et convenir du jour entre nous, sur-tout dans une saison, où sans cesse accablé d'importuns de toutes les sortes, je suis réduit à me ménager d'avance, et même avec peine, un jour de pleine liberté. Vous pouvez renvoyer la réponse à cet article à quelqu'autre lettre, et n'en point parler dans la réponse à celle-ci.

Je n'ai encore montré aucune de vos lettres à Mme. de Luxembourg; et si je lui en montre, et que vous ne vouliez pas être connue, soyez sûre que j'y mettrai le choix nécessaire, et qu'elle ne saura jamais qui vous êtes, à moins que vous n'y consentiez. Excusez mon barbouillage; j'écris à la hâte, fort distrait, et du monde dans ma chambre.

(*De Marianne.*)

Le 5 juin 1762.

Ah! Monsieur, c'est à moi qu'il faut parler de moi. A quel dessein aller entretenir Mme. la maréchale de Luxembourg d'une femme, dont l'unique ambition est maintenant d'être éternellement ignorée? De grâce, ne me nommez pas; j'ai les plus fortes raisons pour vous en prier; et, d'ailleurs, mon nom n'est ni assez connu, ni assez obscur pour ajouter à mon éloge. Mon mari, ma famille, tout transpire, le cœur m'en bat encore. Placée ailleurs, je me trouverois trop heureuse d'obtenir un rang dans l'estime de Mme. la maréchale, et de vous le devoir; mais.........ma position me défend de travailler à la rendre meilleure. Je me hâte de vous répondre : je tremble que vous ne preniez un jour de retard pour un acquiescement. Que ne me demandez-vous des choses que je puisse faire !

(*De la même.*)

Le 7 juin 1762.

De grâce, Monsieur, un mot qui me tranquillise sur votre sort : il court, à votre égard, des bruits fort inquiétans. Je sais, à la vérité, que Paris est fertile en fausses nouvelles; mais celles qui sont mauvaises, et qui le sont particulièrement pour moi, me trouvent toujours disposée à les croire. Et puis, je crains toujours les *carrières* pour les gens qui osent dire vrai. Informez-moi, je vous prie, de ce que je dois espérer; vous devez cette marque de confiance, à l'intérêt distingué qui me la rend nécessaire.

(*De Rousseau.*)

A Montmorenci, le 7 juin.

Rassurez-vous, Madame, je vous supplie, vous ne serez ni nommée ni connue; je n'ai fait que ce que je pouvois faire sans indiscrétion. Je visiterai dès aujourd'hui toutes vos lettres; et, n'ayant pas le courage de les brûler, à moins que vous ne l'ordonniez, j'en ôterai du moins, avec le plus grand soin, tout ce qui pourroit servir de renseignement ou d'indice pour vous reconnoître. Au reste, attendez quelques jours à m'écrire. On dit que le parlement de Paris veut disposer de moi; il faut le laisser faire, et ne pas compromettre vos lettres dans cette occasion.

Je rouvre ma lettre pour vous dire que j'aurai soin d'ôter aussi votre cachet, et de mettre toutes vos lettres en sûreté; ainsi, soyez tranquille.

(*De Marianne.*)

Le 2 juillet 1762.

Ah! vous m'avez totalement oubliée. Pourriez-vous séparer de mon idée, celle des mortelles inquiétudes que votre position et votre silence doivent me causer? Et, manqueriez-vous de moyens pour adoucir mes peines, si vous daigniez vous en occuper? Je ne sais comment vous supportez l'orage, je ne sais où il vous a conduit; mais je sens qu'il m'accable. Avoir à craindre tout à-la-fois pour votre liberté, votre santé, et les sentimens que vous m'aviez promis, c'en est trop pour mon courage; la douleur s'est tout-à-fait emparée de moi ; tout m'est devenu insipide; tout l'agrément de ma vie en est retranché. Ce n'est pas que je veuille vous faire entendre que vous soyiez la seule personne dont le bien-être importe à mon bonheur : j'ai des amis de l'un et de l'autre sexes; leur nombre est petit; leur qualité est exquise, et ils me font goûter tous les charmes de l'amitié; mais la situation d'aucun d'eux n'étant aussi intéressante que la vôtre, vous l'emportez dans ce moment-ci sur eux tous. Ah! combien l'inestimable livre que vous m'avez donné, m'a coûté de larmes! Combien j'en ai versé en le lisant! Combien l'effet qu'il a produit m'en arrache tous les jours! Quelle source d'amertume il a ouverte en moi! Qu'il m'est cher dans tous les sens!........ Mais, si vous aviez pris quelque confiance en moi, si vous me croyiez digne d'être votre amie, me laisseriez-vous, comme le reste du monde, dans la plus profonde ignorance sur ce qui vous regarde? Ne pouvez-vous imaginer combien les desirs de mon cœur appellent les épanchemens du vôtre? Pensez-vous que tout l'attachement que je vous ai marqué ne fût qu'un simple amusement, ou qu'un manège de mon amour-propre pour me réhausser à mes propres yeux? Ah! Monsieur, je serois bien plus humiliée d'être capable de le feindre, qu'incapable de le sentir. Croiriez-vous encore que tout ce que je veux de vous, ce soient des lettres? Gardez-vous, pour vous-même, d'offenser par cette opinion une ame bien faite pour tenir à la vôtre; une ame que vous croiriez vous-même avoir formée, si vous pouviez suivre tous ses mouvemens.

Je fais passer cette lettre à Mme. de Luxembourg par la poste, sans qu'elle sache de qui elle vient, et sans aucune recommandation. Je ne sais quel usage elle en fera; mais je pense à croire qu'elle justifiera votre estime, en respectant un dépôt qui porte votre nom. Adieu, Monsieur; si vous pouvez m'écrire sans danger pour vous-même, si vous le voulez, et que ce soit la crainte de me faire connoître qui vous retienne, mettez votre lettre sans adresse, sous une enveloppe, à l'adresse de Mme. la marquise de Solar; faites mettre cette adresse par une personne de confiance, de peur que votre écriture étant reconnue, le timbre de la poste n'indiquât où vous êtes. S'il faut encore le cacher, sur-tout ne cachetez pas avec votre devise, tant pour vous que pour moi; elle est actuellement trop connue; dirai-je trop prouvée? Ah! sans doute, s'il faut que j'en perde une liaison que j'ai eu tant de peine à conserver....... Mais, voudrez-vous me confier votre secret à moi-même? Eh bien! ne datez pas votre lettre, faites-la mettre à la poste, à un autre endroit que celui que vous habitez. Si vous croyez devoir prendre ces flétrissantes précautions, je vous donne ma parole de ne faire aucune recherche. Que je sache seulement que vous êtes.........Je ne sais ce que je dis; ma délicatesse m'égare; tous ces alentours sont inutiles; il suffira que vous ne datiez pas votre lettre, puisque ne me parvenant pas directement, l'enveloppe, qui seule portera le timbre, ne viendra pas jusqu'à moi. Quant à M*me*. de Solar, elle n'en pourra rien conclure; elle ne sait pas que c'est vous qui m'avez écrit par son moyen, et je le lui dirai bien moins que jamais. Elle se charge de me rendre service, sans scrupule et sans curiosité; n'en augurez pas moins bien de ses mœurs; rien de ce qui vient de moi n'est suspect aux yeux des gens qui me connoissent.

(De la même.)

Le 23 juillet 1762.

Vous savez si votre silence m'est sensible, Monsieur, vous connoissez mieux qu'un autre, tout ce que vaut le plaisir de calmer les inquiétudes que l'on cause, et ce que vous lui préférez mérite sans doute de l'être : ainsi, je ne me plains pas de vous ; mais je crois devoir vous dire que j'adressai, le 2 de ce mois, une lettre pour vous à Mme. de Luxembourg, parce que j'ignorois où vous prendre. Si elle ne vous l'a pas fait tenir, pouvois-je le prévoir ? C'est votre amie : en m'en rapportant à sa bonne foi, je me suis égarée sur vos traces ; je n'ai rien à me reprocher. Si vous avez reçu ma lettre.................. j'étoufferai le murmure de mon cœur.

Mal si contrasta quel et ordina il cielo.

D'ailleurs, vous m'avez appris à souffrir, et je vous en remercie. Quelle science pouvoit être pour moi d'un plus fréquent usage ? Ne croyez pas que je me fasse honneur d'une résignation qui ne me coûte rien ; elle n'est point l'effet de mon indifférence; plus vive que jamais sur ce qui vous intéresse, je ne m'occupe qu'à recueillir tout ce que j'entends dire de vous ; et l'air avec lequel j'en saisis une partie, et rejette l'autre, décèle, aux yeux de tout le monde, des sentimens qu'on appelle partialité, et dont il ne m'importeroit de persuader que vous, qui ne pourriez vous méprendre sur leur nature.

Votre éloignement m'a fait un effet que je ne comprends pas bien moi-même : j'ai cru perdre infiniment plus que je n'ai jamais possédé. Aussi, pouvoit-il arriver dans un moment plus désavantageux pour moi? Vous desiriez presque de me voir; mes lettres vous devenoient précieuses ; cela annonçoit un degré d'affection assez fort pour remplir mes vœux, toujours mesuré sur ce qu'il m'est permis de prétendre, mais peut-être trop foible pour résister à la diversion que votre déplacement et ses causes y ont faite. Monsieur, je ne mets plus ni mon estime, ni mon attachement à prix ; de quelque façon que vous vous conduisiez avec moi, l'une et l'autre sont inaltérables; vous ne pouvez nuire qu'à mon bonheur. Il eût eu bien moins d'obstacles, si je m'en étois tenue à vous admirer, et si ma déférence pour une femme d'esprit ne m'avoit pas engagée dans une démarche, qui me donnant plus de moyens de vous connoître, ne pouvoit manquer de convertir en sentimens mes opinions sur votre compte.

> Periglioso è cercar quel che trovato
> Soddisfa si, ma più tormenta assai.
> Non retrovato.

Pourquoi Mme.*** m'a-t-elle excitée à rechercher votre amitié ? Sans ses encouragemens, je ne l'aurois jamais osé : ma timidité naturelle m'auroit tenu lieu de prudence. Que d'alarmes elle m'auroit épargnées ! Dans quelle anxiété vous tenez mon esprit ! Aussi, est-ce une témérité que d'espérer d'être tranquille, quand on fait dépendre sa tranquillité de ce qui ne dépend pas de soi.

(*De la même.*)

Le 10 août 1762.

Je suis au désespoir; votre silence toujours cruel pour moi, le devient plus encore, par la réunion de plusieurs circonstances, qui, bien qu'elles n'aient aucun rapport à vous, aigrissent la douleur que votre oubli me cause. Eh quoi! en vous éloignant de ce Paris, que vous détestez, et que j'abhorre, vous semblez m'avoir enveloppée dans la haine que vous lui portez! Moi, dont la persévérance est peut-être sans exemple, quelque reconnu que soit le mérite de son objet! moi, dont votre cœur étoit assez plein, pour avoir besoin de s'épancher dans celui d'une équivoque amie! car cette Mme. de Luxembourg a sans doute cédé à la curiosité de savoir avec qui vous étiez en commerce, ou, du moins, de quelle nature étoit ce commerce, dont on lui faisoit mystère. Si elle vous avoit envoyé une lettre que je lui fis remettre pour vous le 2 du mois dernier, n'auriez-vous pas pris sur vos occupations, quelque sacrées qu'elles pussent être, le temps de me dire que vous me saviez gré de mes inquiétudes? Une maréchale de France croit pouvoir traiter légèrement tout ce qui ne s'annonce pas par des titres fastueux, et ne s'apperçoit pas, qu'au poids de la raison, rien n'est si léger que ces titres! Mais, M. Roguin, cet heureux et digne ami que vous aimez, qui vous oblige, et à qui j'ai adressé une lettre pour vous le 23 juillet, auroit-il............... je m'y perds. De grâce, Monsieur, écrivez moi un mot; ne fût-ce que pour me dire que vous avez reçu mes lettres; que vous n'y avez pas répondu, parce que vous ne l'avez pas voulu, et que je ne dois plus vous écrire. Que je sache au moins à qui je dois m'en prendre de mes pertes. O sensibilité! faculté pernicieuse, et dont personne n'a senti les inconvéniens comme moi, qui peut suspendre ton pouvoir sur un homme né pour toi, dont l'ame est ton sanctuaire, dont tu échauffes le génie, dont tu conduis la plume, et qui te peint si bien, n'es-tu oisive dans son cœur que lorsque mon bonheur dépend de ton activité? Pardon, Monsieur, mille fois pardon, si mes plaintes excitent en vous une émotion désagréable. Mais, qui sait éprouver le malheur, sans perdre de vue les sages loix de la modération?........ Je ne

conçois pas quel sentiment m'attache à vous:
il est avide comme l'amour, sincère comme
l'amitié, tendre comme tous les deux ; et cependant, ce n'est ni l'un ni l'autre. Ah ! Monsieur, ôtez-moi d'un seul coup, toute espérance
d'accroître, de conserver même le touchant
intérêt que vous m'avez marqué ; l'incertitude
où vous me tenez, est un état trop violent pour
mes forces; et toutefois je ne puis abandonner
les droits que vous m'avez donnés sur votre
affection, que quand vous m'aurez formellement dit que vous cessez de les reconnoître.

(*De Rousseau.*)

Motiers-Travers, le 20 août 1762.

J'ai reçu, Madame, vos trois lettres en leur temps; j'ai tort de ne vous avoir pas à l'instant accusé la réception de celle que vous avez envoyée à Mme. de Luxembourg, et sur laquelle vous jugez si mal d'une personne dont le cœur m'a fait oublier le rang. J'avois cru que ma situation vous feroit excuser des retards auxquels vous deviez être accoutumée, et que vous m'accuseriez plutôt de négligence que Mme. de L. d'infidélité. Je m'efforcerai d'oublier que je me suis trompé. Du reste, puisque, même dans la circonstance présente, vous ne savez que gronder avec moi, ni m'écrire que des reproches, contentez - vous, Madame, si cela vous amuse ; je m'en complairai, peut-être, un peu moins à vous répondre ; mais cela n'empêchera pas que je ne reçoive vos lettres avec plaisir, et que votre amitié ne me soit toujours chère. Vous pouvez m'écrire en droiture ici , en ajoutant, *par Pontarlier*; mais il faut faire affranchir jusqu'à Pontarlier, sans quoi les lettres ne passent pas la frontière.

(*De Marianne.*)

Le 31 août 1762.

Je suis aux genoux de Mme. de Luxembourg, Monsieur, et je lui fais devant vous, qui êtes le seul témoin de l'injure que je lui ai faite, toutes les réparations que vous croyez que je lui dois. Qu'il me soit cependant permis de faire valoir ce qui peut diminuer ma faute; puisque, contre mon espérance, mon excuse ne se trouve pas en vous-même. Si j'ai porté de Mme. de Luxembourg, un jugement faux et téméraire, il n'a du moins pas été précipité; ce n'est qu'après plus de deux mois d'un silence désolant que je me suis déterminée à soupçonner sa bonne foi. Il est vrai que rien n'autorise une injustice : ainsi, j'avoue que, malgré toutes mes raisons, j'ai eu tort. Quant aux circonstances présentes, que vous prétendez avoir dû me faire supporter patiemment, de n'entendre pas parler de vous, cette allégation est une bêtise, passez-moi le terme, et qui pis est, une bêtise de cœur. C'est précisément parce que vous étiez dans une position où j'avois tout à craindre, qu'il m'étoit plus insupportable d'ignorer ce qui vous arrivoit. Quelqu'honorable, quelque belle que fût la cause de la révolution survenue dans votre sort, j'en craignois les influences sur votre santé; et il me semble que quand on est émue par un intérêt si cher, on est bien pardonnable de mal combiner ses démarches, et de mal juger de celles des autres.

Si je suis bien informée, je vous dois des remercîmens, Monsieur, et je ne puis vous dire combien je suis flattée de la distinction que j'ai lieu de croire que vous m'avez accordée. On m'a assuré que M. Lenieps et M. l'abbé d'Arty vous avoient écrit, et que, quoiqu'ils fussent tous deux de vos amis, vous n'aviez encore répondu ni à l'un ni à l'autre. La satisfaction que j'ai ressentie de cette préférence, auroit été bien plus pure, si je n'avois pas pu croire que vous eussiez cédé à mon importunité. Pourquoi vous ai-je écrit trois lettres? C'est ma faute, et ce n'est pas la première fois que mon empressement me nuit auprès de vous. Mais aussi peut-être ne m'auriez-vous pas écrit, et une lettre de vous mérite bien d'être payée par la petite mortification de ne la devoir qu'à votre impatience. Vous voyez bien, Monsieur, que je ne gronde pas toujours. Oh! comment, vous, qui connoissez si bien le langage du sentiment, avez-vous pu le confondre avec celui de l'humeur, et dire que je vous grondois, quand je n'ai voulu exprimer que des inquiétudes.

Je vous envoie cette lettre, qui a déjà fait un voyage en Suisse, et que vous me redemandâtes dans un temps où je me flattois de l'espérance de vous voir : elle ne m'a été renvoyée que depuis peu; peut-être avez-vous oublié tout cela? peut-être ne vous en souciez-vous plus? En ce cas, il vous sera plus aisé de la brûler sans la lire, qu'à moi de négliger une chose que vous avez paru desirer.

C'est singulièrement s'y prendre, pour vous plaire (objet que je ne perds pas de vue), que de vous adresser des vers, quand on est femme, et qu'on a lu vos écrits. Aussi, y a-t-il long-temps que ceux que je joins à cette lettre sont faits : c'étoit avant que *l'Education* parut; je n'osai pas vous les envoyer; la tournure qu'avoit alors notre commerce, ne prêtoit pas à cette témérité; il me semble qu'il en a pris un autre, plus propre à me concilier votre indulgence; et ce qui achève de m'encourager, c'est qu'on prétend que vous n'êtes plus si rigide, sur l'abalogie que doivent avoir les occupations d'une personne avec les facultés attachées à son sexe. On m'a dit que vous appreniez à faire des lacets; peut-être n'est-ce qu'un conte? N'importe : je veux tenir la chose pour vraie, jusqu'à ce que mes vers, qui ne contiennent que des vérités, soient reçus de vous, bien ou mal. Au surplus, vous devez me pardonner de penser en vers, quand je suis vivement affectée; car c'est ainsi que j'en fais, et vous ne devez pas me savoir mauvais gré de vous communiquer ceux-ci, qui expriment quelques idées justes, et des sentimens que je ne croirai jamais vous avoir assez prouvés. Cet amusement ne me fait point dédaigner ceux qui conviennent plus spécialement à mon sexe, et sans doute à ma capacité; il n'empêche pas que je ne sache coudre, broder, tricoter aussi bien qu'il soit possible; que je ne joue du clavecin, de la guitarre, de la harpe; que je ne veille avec le plus grand soin aux besoins et à la conduite d'un domestique, assez nombreux à mon gré, et assez heureux au sien même : car je n'ai point d'enfans; et, c'est en adoptant pour tels les gens qui me servent, que je sais m'en dédommager. Vous croirez peut-être que la vanité, qui ne fait rien de bon, m'a fait poëte. Point du tout : je ne crains rien tant que d'en avoir la réputation ; c'est malgré moi que mon mari me l'a donnée. Je ne prône, ni ne montre mes vers ; et, notamment ceux que je vous envoie, n'ont été vus que d'une amie, pour qui je n'ai rien de caché, qui n'est point celle que vous connoissez, et dont le mérite me convient à merveille : car, je l'avoue, toute espèce de mérite n'est pas celle qu'il me faut..... Mais, il est temps de m'appercevoir que voilà une lettre énorme : il me semble pourtant que si je m'en croyois, j'écrirois encore long-temps. Si cet exemple pouvoit vous gagner, combien je me féliciterois de vous l'avoir donné ! Adieu, Monsieur, parlez-moi de votre santé ; mais, parlez-m'en quand vous voudrez, de ma vie je ne vous ferai de reproches.

Lettre datée du 19 mai, insérée dans la précédente.

Il y a bientôt un mois que je ne vous ai demandé de vos nouvelles, Monsieur; et très-certainement il ne s'est pas passé un seul jour, sans que j'aie desiré d'en savoir. J'ai eu beau en imposer à ce desir, il ne s'est point éteint; mais en revanche, la crainte de vous importuner s'est affoiblie ; car, enfin, plus mes questions sont rares, mieux elles doivent être reçues; ainsi, je me détermine à tenter encore une fois votre complaisance. De grâce, mandez-moi comment vous vous portez : quoique de votre part j'aimasse bien de longues lettres, je sens parfaitement que vous devez avoir peu de choses à dire à une femme sur le compte de laquelle vous avez si désavantageusement varié; et quelque briévement que vous m'appreniez que vous êtes plus content de votre santé, je serai toujours contente. En effet, je m'y intéresse assez pour que le fond emporte la forme. Avez-vous revu M. de Sire-Jean, Monsieur? Est-ce au tort qu'il m'a fait dans votre esprit, que je dois attribuer votre silence? Me jugerez-vous toujours avec votre esprit? Votre cœur ne sera-t-il jamais intéressé par la droiture et la sensibilité du mien? Je ne sais si je dois insister sur la réponse, et je reviens à M. de Sire-Jean. Je l'ai encore rencontré au Palais-Royal depuis que je ne vous ai écrit : vraisemblablement il avoit été trop blessé de la réception que je lui avois faite le jour que je lui parlai de vous ; il ne m'aborda point cette dernière fois. J'avoue que j'en fus fâchée : j'en aurois tiré quelques lumières sur votre état; et, quelque désagréables que me soient son ton et sa personne, j'avois tant d'envie de savoir si les chaleurs ont produit le bon effet que j'en attendois pour vous, que j'aurois consenti à l'apprendre de lui.

Savez-vous bien, Monsieur, qu'il est fort désobligeant de ne pas répondre à une femme qui vous demande si vous voulez, ou non, qu'elle continue à vous écrire ; et que si vos ouvrages ne m'avoient pas donné de vous une toute autre opinion, que celle que j'ai du général des hommes, je ne vous écrirois plus, dans la crainte de compromettre la pureté de mes sentimens? Car, où sont ceux qu'ils ne suspectent pas? Pour vous, je crois vous faire justice en l'attendant de vous, et je me persuade que vous n'attribuerez ma persévérance qu'à la haute estime que vous m'avez inspirée, à l'admiration que tout ce qui vous entend vous doit, et à l'heureux penchant qui me porte vers tout homme distingué par son génie et par ses moeurs.

(*De la même.*)

Le 16 septembre 1762.

Je vous ai bien promis de ne plus vous tourmenter pour que vous m'écrivissiez, mais non pas de ne plus vous tourmenter en vous écrivant; et, si par malheur mes lettres vous tourmentent, vous serez tourmenté ; à moins que vous ne preniez sur vous de me le dire : auquel cas, le même motif qui m'a toujours fait parler, me fera taire, je vous en réponds. Cela dit une fois, jusqu'à ce que vous m'ayez imposé silence, vous ne serez plus étonné de voir arriver des lettres de moi, au moment où vous vous y attendrez le moins ; et, comme il n'y aura rien de forcé dans votre exactitude à me répondre, rien n'empêchera que vous ne vous y complaisiez, autant que vous pouvez vous complaire à me faire grand plaisir. Bien entendu que j'éviterai toujours le ton grondeur, quoique le ton plaisant ne m'aille point bien du tout, et que vous ne vous prêtiez guères au ton de la confiance.

J'ai dévoré *Émile*; je l'ai relu, et je le relirai

jusqu'à ce que le charme de l'expression ayant un peu perdu de son pouvoir sur mon esprit, je puisse me répondre que ce sont bien véritablement les choses qui m'attachent. Vous écrivez si bien qu'il n'y a point d'illusion que vous ne puissiez faire. Cet ouvrage contient tant de choses auxquelles nous ne sommes point accoutumés ; et je l'aime tant, que je ne puis me défendre de me défier de mon attachement pour l'auteur, et des grâces enchanteresses du style. Il me siéroit bien à moi, femme, et femme élevée comme cent mille autres, de n'avoir point de préjugés à vaincre pour penser comme vous! Non, cela ne sauroit être : vous avez séduit mon imagination. Cependant, il y a une petite circonstance qui me rassure, c'est que mon cœur n'a point pris le change, et que j'ai trouvé dans ce livre délicieux, un certain *tais-toi Jean-Jacques* qui m'a fait faire la grimace, et que je ne pardonnerois qu'à Madame de Luxembourg : devinez pourquoi ? Ce n'est assurément pas parce qu'elle est maréchale de France.

Dites-moi, je vous prie, quel est le jeune homme dont vous faites un si magnifique éloge page 363 de l'exemplaire que vous m'avez donné. Tout le monde croit que vous avez eu en vue M. de Gizors : moi, je ne croirai rien que vous ne m'ayez dit ce qu'il faut croire. A propos du monde, c'est quelque chose de curieux que d'observer la différence des opinions sur votre compte. Vous n'êtes indifférent à personne; les créatures privilégiées que vos ouvrages ont formées ou rassurées, vous adorent; les autres vous détestent. Et le moyen de ne pas détester un homme, dont les écrits foudroient les vices chéris, et dont les mœurs ne laissent à découvert aucun côté qu'on puisse attaquer avec avantage! Avoir toujours raison, soit qu'on dise, soit qu'on fasse, c'est être le fléau de l'amour-propre des autres; et Dieu sait si l'amour-propre pardonne! Adieu, Monsieur, voilà bien des mots d'écrits, sans qu'il y en ait un seul de ma tendre affection pour vous. Mais, que dis-je? chaque mot que je vous adresse, n'en est-il pas une preuve? Quel autre que vous eût résisté aux épreuves où vous l'avez mise? Mais aussi, quel autre que vous méritoit de l'inspirer?

(*De Rousseau.*)

A Motiers, le 26 septembre 1762.

Je suis encore prêt à me fâcher, Madame, de la crainte que vous marquez de me tourmenter par vos lettres. Croyez, je vous supplie, que quand vous ne m'y gronderez pas, elles ne me tourmenteront que par le desir d'en voir l'auteur, de lui rendre mes hommages ; et je vous avoue que, de cette manière, vous me tourmentez plus de jour en jour. Vous m'avez plus d'obligation que vous ne pensez de la douceur que je vous force d'avoir avec moi, car elle vous donne, à mon imagination, toutes les grâces que vous pourriez avoir à mes yeux ; et moins vous me reprochez ma négligence, plus vous me forcez à me la reprocher.

La femme qui me dit le *tais-toi Jean-Jacques*, n'étoit point Madame de Luxembourg que je ne connoissois pas même dans ce temps-là ; c'est une personne que je n'ai jamais revue, mais qui dit avoir pour moi une estime dont je me tiens très-honoré. Vous dites que je ne suis indifférent à personne ; tant mieux, je ne puis souffrir les tièdes, et j'aime mieux être haï de mille à outrance, et aimé de même d'un seul. Quiconque ne se passionne pas pour moi, n'est pas digne de moi. Comme je ne sais point haïr, je paye en mépris la haine des autres, et cela ne me tourmente point : ils sont pour moi comme n'existant pas. A l'égard de mon livre, vous le jugerez comme il vous plaira ; vous savez que j'ai toujours séparé l'auteur de l'homme; on peut ne pas aimer mes livres, et je ne trouve point cela mauvais ; mais quiconque ne m'aime pas à cause de mes livres, est un frippon : jamais on ne m'ôtera cela de l'esprit.

C'est en effet M. de Gizors dont j'ai voulu parler, je n'ai pas cru qu'on s'y pût tromper. Nous n'avons pas le bonheur de vivre dans un siècle où le même éloge se puisse appliquer à plusieurs jeunes gens.

Je crois que vous connoissez M. du Terreaux; il faut que je vous dise une chose que je souhaite qu'il sache. J'avois demandé par une lettre qui a passé dans ses mains, un exemplaire du mandement que Monsieur l'archevêque de Paris a donné contre moi. M. du Terreaux voulant m'obliger, a prévenu celui à qui je m'adressois, et m'a envoyé un exemplaire de ce mandement par monsieur son frère, qui, avant de me le donner, a pris le soin de le faire promener par-tout Motiers; ce qui ne peut faire qu'un fort mauvais effet dans un pays où les jugemens de Paris servent de règle, et où il m'importe d'être bien voulu. Entre nous il y a bien de la différence entre les deux frères pour le mérite. Engagez M. du Terreaux, si jamais il m'honore de quelque envoi, de ne le point faire passer par les mains de son frère, et prenez, s'il vous plaît, la même requête pour vous.

Bonjour, Madame : si vous ressemblez à vos lettres, vous êtes mon ange; si j'étois des vôtres, je vous ferois ma prière tous les matins.

(*De Marianne.*)

Le premier octobre 1762.

Avez-vous reçu une lettre de moi datée du 31 août, qui avoit été confiée à M. du Terreaux, et qui en contenoit une autre avec une pièce de vers, dont l'intention du moins méritoit un éloge? Ce que vous me dites de l'usage que ce M. du Terreaux a fait du mandement qui vous étoit destiné, me donne des soupçons que vous confirmez encore, en me disant : je crois que vous connoissez M. du Terreaux : cela exprime un doute que vous n'auriez pas, si vous aviez reçu la lettre en question, car je vous y mandois que je le connoissois, quoiqu'il ignorât mon commerce avec vous. D'ailleurs, quelqu'indifférent que vous soyez aux louanges qu'on vous donne, il n'est pas naturel que vous ne fassiez aucune mention de mes lettres et de mes vers ; vous devez croire que je sais supporter une critique, et craindre assez de me mortifier pour ne pas me faire sentir que je n'en suis pas digne. Répondez-moi sur-le-champ, je vous prie,

Monsieur ; ce point mérite d'être éclairci, avant que je vous fasse le sacrifice de mettre M. du Terreaux dans mon secret : ce que je ne balancerai pas à faire, dès que vos intérêts le demandent. Adieu, Monsieur, puisque vous êtes allé si loin, ne vous montrez pas si aimable; vous me laissiez déjà assez de choses à regretter.

(*De Rousseau.*)

A Motiers, le 5 octobre 1762.

J'ai reçu dans leur temps, Madame, la lettre que vous m'avez envoyée par M. du Terreaux, et l'épître qui y étoit jointe. J'ai oublié de vous en remercier, j'ai eu grand tort, mais enfin je ne saurois faire que je ne l'aie pas oublié. Au reste, je ne sais point louer les louanges qu'on me donne, ni critiquer les vers que l'on fait pour moi ; et, comme je n'aime pas qu'on me fasse plus de bien que je n'en demande, je n'aime pas non plus à remercier. Je suis excédé de lettres, de mémoires, de vers, de louanges, de critiques, de dissertations ; tout veut des réponses, il me faudroit dix mains et dix secrétaires ; je n'y puis plus tenir. Ainsi, Madame, puisque, comme que je m'y prenne, vous avez l'obstination d'exiger toujours une prompte réponse, et l'art de la rendre toujours nécessaire, je vous demande en grâce de finir notre commerce, comme je vous demanderois de le cultiver dans un autre temps.

(*De Marianne.*)

Le 18 octobre 1762.

Oh! pour cela, Monsieur, vous êtes désespérant; je vous prie en grâce de me répondre sans délai sur un objet qui vous intéresse, ce qui rend votre silence plus inquiétant, et trois semaines se passent sans que j'entende parler de vous! Il ne suffit donc pas à votre gré que nous soyions séparés par un espace de cent lieues; vous voulez mettre assez d'intervalle entre vos lettres, pour que tout concourre à m'alarmer. J'ai vu M. du Terreaux plusieurs fois depuis votre dernière lettre reçue; je suis perpétuellement combattue, par le desir de vous servir, et par la crainte de faire une imprudence; et cela est fort désagréable. Il vous en auroit si peu coûté de me dire en un seul mot si on vous a remis, ou non, le paquet envoyé à monsieur son frère, que je dois vous croire malade, puisque vous ne l'avez pas fait; et en vérité, cette idée n'est nullement satisfaisante. Je ne vous gronde pas au moins : cette vilaine épithète de *Monsieur* qu'il faut toujours employer, rend les différens tons dont on parle, si difficiles à distinguer, que je meurs de peur que vous vous y mépreniez. Si je pouvois vous dire ce que je suis forcée de vous écrire, vous verriez au jeu de mes traits, et aux inflexions de ma voix, que ce que vous prendrez peut-être pour les reproches de l'exigeance, sont les plaintes de l'amitié! Comment faire? L'écriture est un langage si inanimé! Il y auroit pourtant moyen de me servir d'expressions propres à lever l'équivoque ; mais, grâce à ce que vous m'avez environnée d'écueils, ce seroit éviter Carybde pour tomber dans Scylla. Je n'ai point oublié que vous m'avez dit que j'étois de mon quartier. Oui: je suis du quartier où je demeure, comme vous êtes du siècle où vous vivez. Cependant, tout déplacé, tout injuste qu'étoit le mauvais compliment que vous avez prétendu me faire, il met une gêne affreuse dans ma façon d'agir avec vous.

J'ai rêvé de vous toute la nuit. Quoique je sache bien quel cas on doit faire des rêves, un de ces dangereux préjugés d'enfance, que la raison combat trop long-temps sans succès, ajoute à mes inquiétudes sur votre santé, et me détermine à vous récrire. Je vous avoue cette foiblesse, d'autant plus volontiers, que je croirai toujours faire un bon marché, quand je vous donnerai lieu de penser que j'ai l'esprit moins fort, et le cœur plus sensible que vous ne l'aviez imaginé d'abord. Il m'est bien aussi venu dans la tête, que vous étiez convenu avec vous-même, en consentant à prolonger notre correspondance, de n'écrire qu'une fois contre moi deux, et qu'en conséquence vous attendiez une autre lettre. Si cela est, je souscrirai à cet arrangement quand je n'aurai pas de raisons particulières de compter sur votre exactitude; mais, je vous prie, ne le poussez pas plus loin; car, si l'esprit d'ordre vous saisissoit au point de vouloir compenser la valeur par le nombre, il faudroit tout au moins que je vous écrivisse autant de lettres que les vôtres contiennent de lignes. Adieu, Monsieur, de l'éloignement, du silence, du froid, peut-être de la froideur.... et vous voulez pourtant que je sois toujours contente!

(*De la même.*)

Le 9 novembre 1762.

J'ai reçu, Monsieur, le 25 du mois dernier, votre lettre du 15. Vous ne savez sans doute plus combien elle étoit dure, et, je ne vous le rappelle, qu'afin que vous n'imaginiez pas qu'ayant commencé à vous écrire par enthousiasme, je cesse par humeur. Ce même jour 25, M. du Terreaux vint me voir; je lui fis part du sujet de plainte que vous avez de Monsieur son frère; il m'en parut pénétré, et m'assura que, s'il étoit assez heureux pour avoir encore quelque chose à vous faire parvenir, il prendroit ses mesures de façon que personne n'en pourroit disposer. Je suis fâchée que vous ayiez chargé M. de Rougemont de la même commission; cela annonce un défaut de confiance en moi, qui me paroît déplacé en vous, et dont j'avois déjà prouvé l'injustice, en prévenant le zèle de M. de Rougemont.

J'ai donné l'*Education* à Mme.***; c'est vous-même qui me l'avez fournie. Un des trois exemplaires que vous avez permis qu'on délivrât à

M. de Rougemont, étoit pour moi, et destiné à cet usage : vous savez qui a eu les deux autres. Je crois avoir rempli toutes vos intentions, Monsieur, il ne me reste plus qu'à vous expliquer les miennes.

Je n'ai jamais eu d'autres vues, en cherchant à vous engager dans une correspondance suivie, que de profiter de vos lumières, et d'avoir des nouvelles sûres d'une santé qui m'est chère, et sur laquelle le public fait trop courir de bruits faux, pour qu'on puisse s'en rapporter à lui. Mon premier but a été manqué de prime-abord, par la tournure que vous avez donnée à vos lettres, et je n'en suis point étonnée ; un homme fort occupé s'avise rarement de disserter avec une femme, sans savoir si elle est capable de lui répondre, ou même de l'entendre. Quoiqu'un des deux objets que mon ambition s'étoit proposés, m'échappât, celui qui me restoit suffisoit pour me rendre notre commerce infiniment précieux ; mais, quelque pressant que soit l'intérêt qui me porteroit à faire de nouveaux efforts pour le retenir, je l'abandonne. J'aurai du moins le plaisir d'avoir fait tout ce que j'aurai pu faire pour vous : je vous épargnerai des instances inutiles, fatigantes, et à la fin odieuses,

Plus nous avons l'ame bonne, et plus, malgré nous-mêmes, nous savons mauvais gré à quelqu'un qui ne nous a jamais souhaité que du bien, de nous prouver sans cesse que nous lui faisons du mal. Persuadée de cela, je desire de tout mon cœur que vous m'oubliez, et je m'engage à ne jamais vous faire ressouvenir de moi. Au surplus, ce n'est pas votre faute si j'attache à ce qui vient de vous assez de prix, pour être sincèrement affligée d'une privation que les circonstances rendent nécessaire. Si elle laisse dans mes jours un vide difficile à supporter, c'est l'affaire de ma raison que de le remplir; en vous prêtant à mes desirs, vous ne vous êtes pas rendu comptable de ma tranquillité; et, accablé de toutes les importunités dont vous me faites le détail, il est tout simple que le retranchement que vous jugez à propos de faire dans vos liaisons épistolaires tombe sur moi. Je me rends justice; et le parfait attachement que je vous ai voué, ne sera point altéré de ce que vous me la rendez aussi. Ce n'est pas de vous que je dois me plaindre; c'est du sort qui n'a pas mis en moi ce qu'il falloit pour que j'obtinsse de vous une préférence que j'aurois si bien sentie.

Vous n'aimez pas, dites-vous, qu'on vous

fasse plus de bien que vous n'en demandez. Ne pensez pas, Monsieur, que je sois assez vaine, pour avoir cru vous faire du bien, en en disant de vous. Je sais trop que personne n'a moins que vous besoin d'être loué, et qu'aucunes louanges ne méritent moins d'être regardées comme *un bien* que les miennes. J'ai dit ce que je pensois; je penserai toujours ce que j'ai dit; dussiez-vous m'écrire encore pour rejeter avec plus de hauteur que jamais les hommages que mon admiration vous présente. Eh! qu'est-ce que vos procédés pour moi peuvent conclure contre vos vertus et vos ouvrages? Un génie comme le vôtre, vaste, profond, occupé de vues générales, voleroit à l'univers toute l'attention qu'il donneroit à la satisfaction d'un être inutile, isolé, médiocre en tout sens, tel que moi. Toute ma vie je respecterai vos mœurs, j'estimerai vos écrits, j'adorerai vos talens, et je chérirai votre personne, sans que cela vous oblige à rien. Adieu, Monsieur; faites grâce à la longueur de cette lettre; rien ne doit encourager l'indulgence, comme la certitude de n'être plus mise à l'épreuve, et vous l'avez.

(*De Rousseau.*)

Motiers, 21 novembre 1762.

Tu *m'aduli, ma tu mi piaci*. Il faut se rendre, Madame, je sens tous les jours mieux qu'il est impossible à mon cœur de vous résister. Plus je gronde, plus je m'enlace; et, à la manière dont vous me permettez de ne vous plus écrire, vous êtes bien sûre de n'être pas prise au mot. Oui, vous êtes femme; je le sens à votre ascendant sur moi; je le sens à votre adresse, et il y a long-temps que je ne m'avise plus d'en douter. Je ne tenterai donc plus de briser ces chaînes si pesantes que vous me donnez si légèrement; mais, de grâce, allégez-en le poids vous-même; soyez aussi bonne que charmante; acceptez mes hommages, en compensation de ma négligence, et ne comptez pas si rigoureusement avec votre serviteur.

Il est certain, Madame, que j'ai eu tort de parler encore à M. de Rougemont de ce que je vous avois dit au sujet de M. du Terreaux; mais la manière dont vous m'aviez répondu, me faisoit douter que vous en parlassiez à monsieur son frère, et il convenoit cependant qu'il le sut. Voilà, non l'excuse, mais la raison de mon tort.

Je vous prie, Madame, d'être bien persuadée de deux choses; l'une, que si vous eussiez gardé avec moi le silence que j'avois mérité, je n'aurois eu garde de vous laisser faire, du moins jusqu'à m'oublier; pour peu que vous eussiez encore différé à m'écrire, je vous aurois sûrement prévenue; et, quelque touché que je sois de votre lettre, je suis presque fâché que vous ne m'ayiez pas donné cette occasion de vous marquer mon empressement et mon repentir. L'autre vérité, que je vous supplie de croire, est, que bien que l'on ne se corrige point à mon âge, et que je ne puisse, sans vous tromper, vous promettre plus d'exactitude que par le passé, j'ai pourtant le cœur pénétré de vos bontés, et très-zèlé pour m'en rendre digne. Voilà, Madame, que j'écrive ou non, sur quoi vous devez toujours compter.

(*De Marianne.*)

Le 28 novembre 1762.

Si vous ne m'aviez pas interdit les querelles, j'en aurois une bonne à vous faire sur votre phrase italienne : pouvoit-on l'appliquer plus mal? Je vous plais, dites-vous? Ah! dites plutôt, qu'à titre d'amusement, vous vous plaisez à m'occuper. Vous n'avez pas mieux rencontré, en m'accusant de vous flatter ; ce n'est point au hasard que je dis *en m'accusant*; je pense, avec Voltaire, avec qui toutefois je m'accorde rarement, que

L'art le plus innocent tient de la perfidie.

La franchise de mon caractère repousse toute idée de séduction. Si j'emploie quelquefois des moyens heureux, c'est l'instinct et non la reflexion qui me les suggère; les ressources de l'adresse me paroissent indignes de moi ; et, loin que j'aie voulu vous gagner, je voudrois avoir le courage de me fâcher de ce que, par un retour inattendu, vous venez de donner un nouveau degré de vivacité à un sentiment, dont la seule existence est de trop. Je ne puis nier cependant, que mes regards ne se détournent souvent des inconvéniens de ce retour, et ne se fixent avec complaisance sur ce qu'il a d'agréable. Mais, jugez si je veux vous flatter; je vous cite Voltaire!

Puisque je suis encore dans le cas de vous écrire, Monsieur, il faut que je vous fasse une question à laquelle j'avois renoncé ; et, pour être en état d'y répondre, il faut que vous essuyez un narré, d'autant plus ennuyeux, que je narre fort mal : prenez donc patience, et écoutez.

Il y a quelque temps que j'allai à une assez sotte comédie, tirée des contes de Marmontel, et intitulée *le prétendu Philosophe*......... Non, c'est le *Philosophe prétendu ;* il faut être exact. Le public, encore plus sot que cette pièce, croyoit y voir des allusions sans nombre, et votre nom retentissoit tout autour de moi. Comme ma loge n'étoit pas louée, il y étoit entré des hommes que je ne connoissois pas, et ils remplissoient les entr'actes par une conversation très-vive sur votre compte. Pour mon bonheur, il s'en trouva un bien digne de faire votre apologie, par l'esprit et la chaleur qu'il y mettoit. L'attention avec laquelle je l'écoutois, la satisfaction qui animoit mes yeux, et l'approbation que mon air donnoit aux magnifiques éloges qu'il faisoit de vous, l'engagèrent à m'adresser la parole. Oh! sans cette décence, par fois si ridicule, comme je l'aurois prévenu! Enfin, sans beaucoup parler, je trouvai le secret de faire taire les autres, et la conversation se continua seulement entre mon inconnu et moi. Je ne puis pas vous rendre tout ce qu'il dit de vous; il sembloit que je fusse son génie; aussi l'entendois-je avec autant de plaisir qu'en procurent les triomphes de l'amour-propre : mais, revenons à mon orateur. Il dit qu'il vous connoissoit beaucoup; qu'il vous avoit vu pendant trois ans à Épinay; qu'il vous avoit l'obligation de tout ce qui valoit quelque chose en lui; qu'un jour d'entretien avec vous, étoit, pour un esprit bien disposé, plus utile que dix ans d'expérience; que vos discours étoient aussi lumineux que vos écrits; que vous lui aviez donné des conseils, qui vous avoient acquis des droits éternels sur sa reconnoissance; que votre commerce étoit aussi doux (j'aurois pu l'arrêter-là) que vos talens sont supérieurs; enfin, que vous aviez poussé la complaisance, jusqu'à mettre en musique quelques vers qui étoient échappés au dérèglement de son imagination. Voilà une partie de ce qu'il me dit ; venons à son signalement. Il est d'une taille médiocre ; il porte ses cheveux ; il est brun, et d'une assez jolie figure ; il a le visage rond, l'air jeune, les yeux très-vifs, l'élocution très-facile, et le maintien très-honnête. A l'égard du son de sa voix, celle qui chante vos louanges ne sauroit me paroître rauque ; il est mis sans affectation de négligence ni de luxe ; mais ce qui lui est plus particulier, c'est qu'il a au défaut du sourcil droit, du côté de la tempe, un poireau trop considérable pour n'être pas remarqué. Si cet homme n'est pas un menteur, vous devez le connoître. Qui est-il ? Voilà ce que je voudrois savoir ; ce desir ne doit pourtant pas hâter votre réponse, il ne me persécute pas. Ne m'écrivez que quand il vous plaira ; même, quoique j'en aie pu dire, le moins sera le mieux. Ne suffit-il pas d'estimer un homme, dont on ne peut pas seulement attendre les douceurs de la société? Si nos penchans nous appellent à l'amitié, nos positions nous renvoient à l'estime. Adieu, Monsieur ; ne me dites plus qu'il y a long-temps que vous ne doutez pas que je sois femme : il y a long-temps aussi que je ne me plains pas que vous en doutiez ; et si je ne sentois à combien de modestie cette qualité m'oblige, j'oserois me plaindre de ce que vous le croyez trop.

(*De Rousseau.*)

A Motiers, le 18 décembre 1762.

Pour le coup, Madame, vous auriez été contente de mon exactitude, si j'avois pu suivre, en recevant votre dernière lettre, la résolution que je pris d'y répondre dès le lendemain; mais il est dit que je voudrai toujours vous plaire, et que je n'y parviendrai jamais. Une maudite fièvre est venu traverser mes bonnes résolutions; elle m'a abattu, au point d'en garder le lit, ce qui ne m'étoit jamais arrivé dans mes plus grands maux : sans doute, le bon usage que je voulois faire de mes forces, m'a aidé à les recouvrer, et je me suis dépêché de guérir pour vous offrir les prémices de ma convalescence, si tant est pourtant qu'on puisse appeler convalescence l'état où je suis resté.

Je voudrois, Madame, pouvoir vous donner l'éclaircissement que vous desirez sur l'homme au gros poireau, et je voudrois, pour moi-même, connoître un homme qui m'ose louer publiquement à Paris ; car, quoique je doive peut-être bien plus à vous qu'à lui la chaleur de son zèle, ce qu'il a dit pour vous complaire me le fait autant aimer que s'il l'avoit dit pour moi. Mais ma mémoire ne me fournit rien d'applicable en tout au signalement que vous m'avez donné. J'ai fréquenté dix ans Épinay et la Chevrette; pendant ce temps-là, on a représenté beaucoup de pièces, et exécuté beaucoup de divertissemens, où j'ai quelquefois fait de la musique, et où divers auteurs ont fait des paroles ; mais depuis lors tant de choses me sont arrivées, que je ne me rappelle tout cela que fort confusément. Le poireau sur-tout me désoriente; je ne me rappelle pas d'avoir vécu dans une certaine intimité avec quelqu'un qui en eût un ; si ce n'est, ce me semble, M. le marquis de Croix-Mard, qui, à la verité, a beaucoup d'esprit, mais qui n'est plus ni jeune, ni d'une assez jolie figure, et auquel je ne me suis sûrement jamais mêlé de donner des conseils.

Il est vrai, Madame, que je ne doute plus que vous ne soyiez femme; vous me l'avez trop bien fait sentir par l'empire que vous avez pris sur moi, et par le plaisir que je prends à m'y soumettre; mais vous n'avez pas à vous plaindre d'un échange qui vous donne tant de nouveaux droits, en vous laissant tous ceux que je voulois revendiquer pour mon sexe. Toutefois, puisque vous deviez être femme, vous deviez bien aussi vous montrer. Je crois que votre figure me tourmente encore plus que si je l'avois vue. Si vous ne voulez pas me dire comment vous êtes faite, dites-moi donc du moins comment vous vous habillez, afin que mon imagination se fixe sur quelque chose que je sois sûr vous appartenir, et que je puisse rendre hommage à la personne qui porte votre robe, sans crainte de vous faire une infidélité.

(*De Marianne.*)

Le 23 décembre 1762.

Je ne vous avois pas pressé d'être exact, Monsieur; je n'espérois pas que vous le fussiez; vous ne me deviez point d'excuse : il auroit mieux valu me laisser ignorer vos bonnes dispositions pour moi, que de m'apprendre l'accident qui en a retardé l'effet. Me voilà bien avancée de vous savoir à cent lieues de moi, dans une convalescence qui mériteroit le nom de maladie ! Il n'est pas question d'envoyer à Motiers, comme à Montmorenci, savoir comment vous vous portez; la poste est mon unique ressource, et mon imagination la laisse bien loin derrière elle. Si je n'ai pas de vos nouvelles jeudi, je ne vous le pardonnerai jamais. Quand vous vous portez bien, taisez-vous aussi long-temps qu'il vous plaira; mais, quand je vous sais malade, ne dussiez-vous me dire qu'un mot, parlez, afin de me prouver qu'il n'y a rien de pis. J'aurois mille choses à répondre à votre lettre, mais je n'ai pas l'esprit assez libre pour cela. Je sors moi-même d'une indisposition inquiétante : j'ai actuellement mal à la gorge, et, un autre mal encore plus importun, dont vous pouvez seul me guérir, les alarmes que vous m'avez données.

(*De la même.*)

Le 1ᵉʳ. janvier 1763.

Vous avez eu beau me dire, je *n'aime pas que l'on me fasse plus de bien que je n'en demande*, vous ne pourrez pas me savoir sérieusement mauvais gré d'oser vous offrir un almanach, dont la forme m'a paru commode pour quelqu'un qui écrit beaucoup. D'ailleurs, si une aussi petite attention peut être considérée comme un *bien*, c'est à moi que je le procure; puisque je m'assure le double avantage de me rappeler à votre souvenir tous les jours de votre vie, et de vous donner en même-temps un témoignage du mien. Adieu, Monsieur. Dieu seul est assez puissant pour répandre sur vous tout le bonheur que je vous souhaite.

(*De Rousseau.*)

A Motiers, le 4 janvier 1763.

Je reçus, Madame, le 28 du mois dernier, votre lettre du 23, par laquelle vous me menaciez de ne me pardonner jamais, si vous n'aviez pas de mes nouvelles le jeudi 30. J'ai bien senti tout ce qu'il y avoit d'obligeant dans cette menace, mais cela ne m'en rend pas moins sensible à la peine que vous m'avez fait encourir; car, vous pouvez bien donner le desir de faire l'impossible, mais non pas le moyen d'y réussir; et il étoit de toute impossibilité que vous reçussiez, le 30, la réponse à une lettre que j'avois reçu le 28.

Je suis à-peu-près comme j'étois quand je vous écrivis. L'hiver est si rude ici, qu'il m'est très-difficile de le soutenir dans mon état; ce n'est pas du moins sans souffrir beaucoup, et sans sentir que, ne me permettre le silence que quand je me porterai bien, c'est ne me le permettre que quand je serai mort. J'espère, Madame, que cette lettre vous trouvera bien rétablie de votre mal de gorge; c'est un mal auquel il me paroît que vous êtes sujette; c'est pourquoi je prendrai la liberté de vous donner un des récipés de ma médecine, car j'ai été fort sujet aux esquinancies étant jeune; mais j'ai appris à m'en délivrer lorsqu'elles commencent, en mettant les pieds dans l'eau chaude, et les y tenant plusieurs heures : ordinairement cela dégage la gorge, soit en attirant l'humeur en en bas, soit de quelqu'autre manière que j'ignore; je sais seulement que la recette a souvent du succès.

J'aimerois, Madame, à converser avec vous à mon aise; votre esprit est net et lumineux, et tout ce qui vient de vous m'attache et m'attire, à quelque petite chose près. Pourquoi faut-il que la nécessité de vous écrire si souvent m'ôte le plaisir de vous écrire à mon aise? Je voudrois vous écrire moins fréquemment, et j'écrirois de plus grandes lettres; mais vous exigez toujours de promptes réponses; cela fait que je ne puis vous écrire que des billets fort mal *digérés* et fort raturés.

(De Marianne.)

Le 13 janvier 1763.

Eh, mon Dieu ! par où commencer ? J'ai un million de choses à vous dire : car, indépendamment des réponses que je dois à deux de vos lettres, il faut bien que je vous parle un peu du silence qui les a séparées. Allons, malgré le compliment que vous me faites sur la netteté de mon esprit, dont vous ne pouvez juger que par l'ordre que vous trouvez dans mes lettres, je répondrai d'abord à la dernière des vôtres, parce qu'elle contient un article qui excite ma reconnoissance, et que ce sentiment doit avoir le premier rang par-tout. Je vous remercie donc bien sincèrement, Monsieur, de votre *récipé;* j'en ferai usage dès que l'occasion s'en présentera ; il m'est actuellement inutile, mon mal de gorge étant entièrement dissipé. Cela ne m'empêche pas qu'il ne me soit très-précieux, comme preuve de l'intérêt que vous prenez à ma santé. Mais, quelle différence de cette recette à l'aimable enthousiasme, qui vous fit dire, il y a quatorze mois : *ah! ces maudits médecins, ils me la tueront avec leurs saignées!* Aussi, dans ce temps-là j'étois votre Julie, et depuis que je ne la suis plus, je ne vous suis plus rien, du moins, à mon avis. Monsieur, je vous en prie, ne me faites point de procès, comme par le passé, de ce que je souligne ce que je rapporte de vos lettres. Comme il n'y a pas d'apparence que vous teniez registre de ce que vous m'écrivez, et que beaucoup d'autres choses que moi, et ce qui a rapport à moi, passent par votre tête, sans cette précaution de ma part, vous ne sauriez à quoi je réponds, ni qui de nous deux a dit ce que je répète. D'ailleurs, je n'écris jamais si bien que quand je vous copie, et je n'ai point d'avantage à vous négliger.

Tout ce qui vient de moi vous attache et vous attire, *à quelque petite chose près*, dites-vous. Cette petite chose me paroît avoir de grands inconvéniens; sur-tout si elle affoiblit l'effet agréable que le reste pourroit vous faire. De grâce, dites-moi ce que c'est: je sais entendre la vérité tout aussi bien que la dire. Si cette petite chose ne fait pas partie de moi, je m'en corrigerai certainement; et, si j'ai le malheur qu'elle tienne à mon existence, du moins j'éviterai qu'elle offense vos yeux.

Je vous jure qu'il n'est entré dans les instances que je vous ai faites, pour obtenir que vous me répondissiez promptement, aucune envie de l'emporter sur vous, et de vous amener à faire ma volonté, en dépit de la vôtre : ce seroit un enfantillage indigne du sentiment que j'ai pour vous. Je ne me défends pas d'avoir quelquefois pris plaisir à dompter un petit-maître : quel autre parti en aurois-je pu tirer ? Mais, vis-à-vis de vous, je ne connoîtrai jamais d'autre motif que l'intérêt le plus respectable ; et je vous demande pardon d'avance, pour tous les écarts où il pourra m'entraîner : ses effets n'étant pas toujours aussi bien réglés que son principe.

J'ai été véritablement inquiète de vous. Le froid excessif qu'il fait constamment ici, m'a fait craindre la continuation de votre fièvre, et le redoublement de vos autres maux. Il étoit tout naturel que je desirasse d'être exactement informée de votre situation ; mais comment trouvez-vous que j'appelle instance, ce que vous appelez menace ? C'est que, pour cette fois-ci, vous vous arrêtez plus au mot, et moi plus à la chose.

Je me suis beaucoup entretenue de vous avec

M. du Terreaux, qui, par une suite de la parfaite estime que tout homme honnête conçoit pour vous, m'a chargée de vous engager à prendre les eaux minérales de Motiers : elles ont, à sa connoissance, opéré des cures inespérées, sur des malades plus âgés que vous, et elles sont souveraines pour toutes les maladies de vessie. Je ne pouvois mieux terminer ma réponse à votre lettre du 4 janvier, qu'en m'acquittant de cette commission, qui a été donnée, reçue et exécutée avec le plus grand zèle.

Je reviens à présent à votre lettre du 18 décembre. Vous m'y paroissez curieux de savoir comment je suis faite : je ne conçois pas trop comment une figure peut tourmenter parce qu'on ne l'a jamais vue, quand on doit ne la jamais voir. N'importe, vous n'aurez pas desiré en vain, ce qu'il dépend de moi de vous accorder ; d'ailleurs, c'est une confidence (si peu de gens me voyent) à laquelle ma vanité ne s'oppose point du tout, bien qu'elle ne se charge pas de vous la faire.

Avec quelqu'exactitude que je veuille vous détailler mes traits, il me sera impossible de vous donner une juste idée de leur ensemble. Je n'y saurois que faire, et j'en suis fâchée :

du moins, sur ma taille, je ne veux coûter aucuns frais à votre imagination. J'ai, raisonnablement chaussée, quatre pieds neuf pouces et dix lignes de haut, et de l'embonpoint, tout ce qu'il faut en avoir. Mon visage qui, grâce à la petite vérole dont je suis un peu marquée, est la partie la moins blanche de ma personne, ne l'est pourtant pas encore trop mal pour une brune. Son contour est d'un ovale parfait, et son profil agréable. J'ai les cheveux fort bruns et très-avantageusement placés; le front un peu élevé, et d'une forme régulière; les sourcils noirs et bien arqués; les yeux à fleur de tête, grands, d'un bleu foncé, la prunelle petite, et les paupières noires; mon nez ni gros, ni fin, ni court, ni long, n'est point aquilin, et cependant contribue à me donner la physionomie d'un aigle. Ma bouche est petite et suffisamment bordée; mes dents sont saines, blanches et bien rangées; mon menton est bien fait, et mon cou bien pris, quoiqu'un peu court. J'ai les bras, les mains, les doigts, les ongles même, dessinés comme les auroit une fantaisie de peintre. Venons à présent à ma physionomie, puisque, grâce au ciel, j'en ai une. Elle annonce plus de contentement que de gaieté, plus de bonté que de douceur, plus de vivacité que de malice; plus d'ame que d'esprit. J'ai le regard accueillant, le maintien naturel, et le sourire sincère. D'après ce portrait, qui est pourtant bien le mien, vous allez me croire belle comme un ange? Point du tout; je n'ai qu'une de ces figures qu'on regarde à deux fois. Reste un article, qui, à mon sens, tient assez à la personne, pour qu'on en fasse mention, et que vous-même n'avez pas dédaigné : la façon de se mettre. Mes cheveux composent ordinairement toute ma coiffure; je les relève le plus négligemment qu'il m'est possible; et je n'y ajoute aucun ornement; à la vérité, je les aime avec assez d'excès, pour que cela dégénère en petitesse. Comme je suis modeste et frileuse, on voit moins de moi, que d'aucune femme de mon âge. Rien dans mon habillement ne mérite le nom de parure. Aujourd'hui, par exemple, j'ai une robe de satin gris, parsemé de mouches couleur de rose; cela n'est pas brillant, mais cela cadre à merveille avec ma fortune et mon goût. On ne me dira point: ne pouvant te faire belle, tu te fais riche. Je ne porte de dorure, ni de diamans, que dans les cérémonies, et par égard pour la vanité des autres. Voilà, je crois, tout ce que je puis vous dire de cet individu qui excite tant votre curiosité. S'il est échappé à mes recherches quelque trait caractéristique, ce n'est en vérité pas la faute de ma bonne foi. Loin d'avoir à me reprocher de vous cacher quelque chose, je craindrois de vous en avoir beaucoup trop dit, si vous ne m'aviez dit vous-même : *dites-moi donc comment vous vous habillez, afin que je puisse adresser mon hommage à la personne qui porte votre robe, sans crainte de vous faire infidélité.* Rien n'est si délicat assurément que cette jolie phrase; mais je trouve que le scrupule vous vient un peu tard : vous a-t-il arrêté, Monsieur, quand vous avez donné à une demoiselle, un lacet que vous aviez fait ; et que vous lui avez écrit à ce sujet une lettre qui a couru tout Paris? Où étoit pour lors l'idée de la fidélité que vous reconnoissez me devoir ? Croyez-vous que je n'eusse pas fait de cet hommage autant de cas qu'elle en a pu faire? Non, mais vous aviez plus de plaisir à le lui offrir qu'à moi. C'est, selon moi, si vous prenez la peine de m'en donner toutefois, la seule raison recevable. Adieu, Monsieur, écrivez-moi quand vous voudrez ; tout à votre aise.

Ah! quand verrai-je sept pages et demie remplies de votre main, et remplies pour moi! Ne croyez pas que je l'exige, au moins ; mes prétentions sont comme mes droits, absolument dépendantes de votre volonté ; mes desirs seuls s'en affranchissent.

(*De Rousseau.*)

A Motiers, le 27 janvier 1763.

Je reçois presque en même-temps, Madame, vos étrennes et votre portrait, deux présens qui me sont précieux; l'un parce qu'il vous représente, et l'autre parce qu'il vient de vous. Il semble que vous avez prévu le besoin que j'aurois de l'almanach, pour contenir l'effet que feroit sur moi la description de votre personne, et pour m'avertir honnêtement qu'un homme né le 4 juillet 1712, ne doit pas le 27 janvier 1763, prendre un intérêt si curieux à certains articles, sous peine d'être un vieux fou. Malheureusement le poison me paroît plus fort que le remède, et votre lettre est plus propre à me faire oublier mon âge, que votre almanach à m'en faire souvenir. Il n'eut pas fallu d'autre magie à Médée pour rajeunir le vieux Éson; et si l'Aurore étoit faite comme vous, Titon décrépit pouvoit être encore malade, que ses ans et ses maux devoient disparoître en la voyant. Pour moi, si loin de vous, je ne gagne à tout cela que des regrets et du ridicule; un cœur rajeuni n'est qu'un nouveau mal avec tant d'autres, et rien n'est plus sot qu'un barbon de vingt ans. Aussi je ne voudrois pas, pour tout au monde, être exposé désormais à voir ce joli visage d'un ovale parfait, et qui n'est pas la partie la moins blanche de votre personne; j'aurois toujours peur que ces petites mouches couleur de rose, ne devinssent pour moi transparentes, et que pour mieux apprécier le teint du visage, quelque frileuse que vous puissiez être, mon esprit indiscret n'allât, à travers mille voiles, chercher des pièces de comparaison.

> Come per aqua o per cristallo intiero,
> Trapassa il raggio e no'l divide o parte;
> Per entro il chiuso manto osa il pensiero,
> Si penetrar nella vietata parte.

Mais, Madame, laissons un peu votre teint et votre figure, qu'il n'appartient pas à une imagination de cinquante ans de profaner, et parlons plutôt de cette aimable physionomie, faite pour vous donner des amis de tout âge, et qui promet un cœur propre à les conserver. Il ne tiendra pas à moi qu'elle n'achève ce que vos lettres ont si bien commencé, et que je n'aie pas pour vous, le reste de ma vie, un attachement digne d'un caractère aussi charmant. Combien il va m'être agréable de me faire dire par une aussi jolie bouche, tout ce que vous m'écrirez d'obligeant, et de lire dans des yeux d'un bleu foncé, armés d'une paupière noire, l'amitié que vous me témoignez! Mais cette même amitié m'impose des devoirs que je veux remplir; et si mon âge rend les fadeurs ridicules, il fait excuser la sincérité. Je vous pardonne bien d'idolâtrer un peu votre chevelure, et je partage même d'ici cette idolâtrie, mais l'approbation que je puis donner à votre manière de vous coîffer, dépend d'une question qu'il ne faut jamais faire aux femmes, et que je vous ferai pourtant. Madame, quel âge avez-vous?

Puisque vous avez lu le chiffon qui accompagnoit le lacet dont vous me parlez, vous savez, Madame, à quelle occasion il a été envoyé, et sous quelles conditions on en peut obtenir un semblable. Ayez la bonté de redevenir fille, de vous marier tout de nouveau, de vous engager à nourrir vous-même votre premier enfant, et vous aurez le plus beau lacet que je puisse faire. Je me suis engagé à n'en jamais donner qu'à ce prix : je ne puis violer ma promesse.

Je suis fort sensible à l'intérêt que M. du Terreaux veut bien prendre à ma santé, et plus encore au soin de la main qui m'a fait passer sa recette ; mais ayant depuis long-temps abandonné ma vie et mon corps à la seule nature, je ne veux point empiéter sur elle, ni me mêler de ce que je ne sais pas. J'ai appris à souffrir, Madame; cet art dispense d'apprendre à guérir, et n'en a pas les inconvéniens. Toutefois, s'il ne tient qu'à quelques verres d'eau pour vous complaire, je veux bien les boire dans la saison, non pour ma santé, mais à la vôtre ; je voudrois faire pour vous des choses plus difficiles, pourvu qu'elles eussent un autre objet.

(De Marianne.)

Le 4 février 1763.

S'est-on jamais avisé de demander à une femme de mon âge, quel âge elle a? Si vous m'aviez vue un instant, je ne vous pardonnerois jamais cette indiscrétion; car ma fraîcheur, et mon air sensé, vous auroient dit que je suis dans l'âge où l'on plaît encore, quoiqu'avec de la raison on n'y prétende plus. Vous auriez dû l'entendre, et m'épargner l'humiliation de dire j'ai.....ah! j'ai......je ne m'y résoudrai jamais. Plaisanterie cessante (il faut que je vous l'avoue pour m'en punir), j'ai été tentée de vous tromper. Tant il est vrai qu'en général, les femmes ne se détachent jamais totalement du desir de paroître aimables; que la sincérité sur certains chapitres, est toujours un effort de raison chez elles; et qu'en mon particulier, je ne pense pas assez bien des hommes, pour ne pas craindre que quelques années de plus me nuisent auprès d'eux. Cependant, je veux, en vous disant la vérité, me rendre digne de la distinction dont vous m'honorez, en me *faisant une question qu'il ne faut jamais faire aux femmes.* Je suis née le 10 novembre 1730, il y a par conséquent trente-deux ans que j'existe : je ne sais quand arrivera celui où je vivrai. C'est une chose bien étrange que la foiblesse qu'ont presque toutes les femmes et beaucoup d'hommes, de cacher leur âge avec le plus grand soin ; n'est-elle pas un aveu tacite du mauvais usage qu'on a fait de son temps ? Et auroit-on tant de peine à jeter les yeux sur le passé, si on l'avoit employé à perfectionner ses mœurs et son caractère ? Quoi qu'il en soit, cette manie dont vous contribuerez à me préserver, ou peut-être à me guérir, est d'autant plus ridicule dans les femmes, qu'on ne les en croit pas sur leur parole ; que la diminution de leurs charmes leur donne des démentis de plus en plus affirmatifs ; qu'enfin

> A canuto e livido sembiante
> Può ben tornar amor, ma non amante.

Mais vous, Monsieur, qui mettez ma sincérité à une si rude épreuve, de quelle autorité vous dispensez-vous de répondre à une question que contient ma dernière lettre, et dont il semble que les assurances de docilité qui l'accompagnoient auroient dû vous faire appercevoir? Pourquoi ne me dites-vous pas quelle est la petite chose qui empêche que tout en moi ne vous attache, et ne vous attire? Est-ce par ménagement? Ce seroit bien mal entendre mes intérêts, que de laisser subsister ce qui vous déplaît dans ma façon d'être; car, à coup sûr, ce qui vous déplaît est mal. Est-ce oubli? Ah! quel est l'attachement que vous me consacrez, s'il oublie de me reprendre.....J'ai eu lieu de croire plusieurs fois que vous ne relisiez pas mes lettres avant de me répondre : de là vient, sans doute, que vous sautez par dessus des articles, qui certainement vous inspireroient si vous les aviez sous les yeux. Si vous êtes dans l'usage de brûler mes lettres, ce que j'ai la présomption de ne pas croire, de grâce, différez cette exécution jusqu'à ce que vous m'ayez répondu; les vôtres n'en seront peut-être pas plus amples, mais du moins je n'aurai pas la sorte d'inquiétude qui me tourmente, et je croirai que ce que vous n'aurez pas relevé ne méritoit pas de l'être.

A présent que vous savez mon âge, vous ne

craindrez plus mon visage ovale, mes yeux d'un bleu foncé, ni mes paupières noires. Mais dussiez-vous les craindre encore, je vous crois assez généreux et assez mon ami....mon ami!... que ce nom est doux à donner, et honorable à recevoir! Daignez l'accepter de moi : permettez que je bannisse pour jamais de mes lettres, cette froide épithète de *Monsieur*, que j'ai toujours eue en aversion, qui va si mal à la simplicité de mes mœurs, à l'affectueux de mon caractère, à la tendresse de mon ame, qui dénature toutes mes phrases, et qui vous convient d'autant moins, qu'elle convient à tout le monde. J'attendrai pourtant votre permission pour employer avec vous le mot d'ami......mais je m'apperçois qu'emportée par le sentiment qu'il exprime, je suis bien loin de mon sujet; et quelque délicieuse que soit pour moi la diversion que j'y ai faite, il faut bien y revenir. Je vous disois donc que je me flattois que, pour me rendre service, vous voudriez bien prendre la peine de vous informer s'il n'y auroit point dans quelque partie que ce soit de la Suisse, une terre à vendre à peu près de la valeur de cinquante mille écus ; il est à présumer que cette somme qui compose ma dot, va me rentrer par la mort de mon beau-père, dont quatre-vingt-cinq ans, et une maladie grave, menacent les jours. Je serois enchantée de faire une acquisition qui m'approchât de vous, pourvu que ce fût en pays où l'exercice de ma religion fût libre; car, étant née catholique, je veux mourir telle, et je pense avec un grand homme de ce siècle, que Dieu pardonnera plutôt l'erreur où l'on fut nourri, que celle qu'on osa choisir soi-même.

Vous pourriez, je crois, me donner un lacet sans violer votre promesse. Je ne puis ni redevenir fille, ni me marier; mais je puis avoir des enfans; et je vous promets d'autant plus volontiers de les nourrir, que je me le suis promis, sans qu'aucun autre intérêt que celui de la nature m'y ait porté, et cela avant qu'*Émile* parut. Si, malgré cela, vous ne me trouvez pas dans le cas de l'exception, contractez donc avec moi un engagement quelconque; car ma délicatesse ne s'accommode point du tout de supporter l'exclusion, et de ne la donner à personne.

J'insiste pour que vous buviez quelques verres d'eau minérale dans la saison, et je ne désespère pas que votre santé ne se trouve assez bien de ce que vous boirez à la mienne, pour que vous continuiez pour vous ce que vous aurez commencé pour moi. Tant mieux : vous faire du bien, pour vous, ce sera répondre deux fois à mes vues.

(*De la même.*)

Le 13 février 1763.

L'esprit de vertige et l'ennui de soi-même semblent avoir saisi tout Paris; jamais le Carnaval n'a été plus bruyant que cette année : ce ne sont que fêtes, que festins, que bals. Pour moi, l'uniformité de ma façon de vivre n'en reçoit pas le plus petit échec. Je suis presque toujours seule; et, au lieu de courir pour être courue, je lis, je pense à mes amis, et, comme vous voyez, je leur écris. Ce n'est pourtant pas à ma solitude que vous devez cette seconde lettre, c'est à l'abondance de choses que contenoit la vôtre, quoiqu'elle ne fût pas à beaucoup près aussi grande que vous me l'aviez promis. Vous savez mon âge; j'ai répondu à votre question, mais non pas à votre lettre, et je n'espère pas d'y répondre à fond dans celle-ci, ni dans aucune. Savez-vous bien qu'elle est charmante, cette lettre ? et que, pour ne vous pas trouver trop charmant vous-même, j'ai été obligée de me rappeler de combien de nuages vous avez obscurci les beaux jours que vous m'avez quelquefois procurés? Je me suis livrée à cette considération ; j'en ai gémi, et puis j'ai dit : tout est bien. En effet, plus égal, votre commerce seroit trop attachant ; tel qu'il est, il m'attache assez pour me faire plaisir et peine; plus, seroit trop. Revenons à votre lettre, dans laquelle, toute charmante qu'elle est, il y a bien quelque chose à reprendre. Par exemple, vous me dites que, si loin de moi, vous ne gagnez à me connoître que des regrets ou du ridicule. Cette phrase ne me paroît pas juste dans tous ses points : il est possible que vous regrettiez de ne pas connoître davantage une femme à qui vous trouvez un esprit sain, un cœur droit, et une ame faite pour les douceurs de l'amitié ; mais comment, en vous faisant de cette même femme une image séduisante, pouvez-vous craindre de gagner du ridicule? *On n'est jamais ridicule que par des formes déterminées* ; et, qui sait mieux que vous effacer aujourd'hui l'impression d'hier ? Ah ! ne craignez pas que l'opinion que vous prendrez de moi devienne un fond que ma vanité s'approprie : l'enflûre que vos premiers suffrages avoient causée à mon cœur, est dissipée sans retour. Si j'avois mérité les sentimens que vous m'avez marqués dès l'origine de notre correspondance, vous ne les auriez pas retirés; ils étoient donc de purs bienfaits de votre part, et ce n'est pas là le cas où possession vaut titre. Aussi, tout ce que vous pourrez dire ou faire en ma faveur, excitera mon émulation et jamais mon amour-propre. Vous avez équivoqué sur mon teint, et c'est une preuve de plus que vous lisez mes lettres une fois pour toutes. Je ne vous ai point dit que mon visage fut la partie la plus blanche de ma personne, mais au contraire, que, grâce à la petite vérole, mon visage étoit moins blanc que le reste de ma personne, quoiqu'il ne le fut pas encore trop mal pour une brune. Cette erreur, qui paroît d'une si petite conséquence, n'est pas inutile à rectifier, si nous sommes destinés à nous voir; il n'en faudroit pas davantage pour vous faire croire que j'ai voulu vous en imposer, et, en vérité, rien n'est plus loin de mes intentions.

M. du Terreaux m'a prié de vous demander ce que vous pensez d'un nommé M. Baillod, que vous devez avoir vu à Motiers, et de la dame qui est avec lui. Si vous avez pris la peine d'en penser quelque chose, ayez la bonté de me dire ce que c'est.

J'ai été fort incommodée de douleurs dans les genoux, et d'une foiblesse excessive aussi dans les genoux, qu'on attribue à un relâchement de nerfs. Apprenez-moi, je vous prie, à me guérir ou à m'en passer, sciences d'une utilité presqu'égale. Adieu, je ne vous donne point de nom, et vous savez bien pourquoi.

(*De Rousseau.*)

A Motiers, le 20 février 1763.

Vous trouverez ci-joint, Madame, une preuve que je suis plus négligent à répondre à vos lettres qu'à m'acquitter de vos commissions, sur-tout de celles qui sont d'espèce à pouvoir me rapprocher de vous. Il s'agit, dans le mémoire ci-joint, d'une terre qui est à quelques lieues de moi, et où je pourrois quelquefois vous aller voir. Ne soyez pas surprise de ma diligence. Le seigneur de ladite terre, qui sans doute ne se soucie pas qu'on sache ici sitôt qu'elle est à vendre, souhaite, en cas qu'elle ne vous convienne pas, que le secret lui en soit gardé. Si elle peut vous convenir, c'est autre chose; il faut bien alors que vous puissiez consulter et faire examiner. Je vous prie, quand vous me ferez réponse sur le mémoire, de la faire de manière que je la puisse montrer pour preuve que je n'ai pas pris la recherche d'une terre sous mon bonnet.

Quoique j'aie été six mois voisin de M. Baillod, je ne le connois que de vue, et je ne connois point du tout la personne qui est avec lui. Voilà, Madame, tout ce que je puis dire de l'un et de l'autre.

Je n'ai jamais entendu, sur la description de votre personne, que le visage en fût la partie la plus blanche; si j'ai dit cela dans ma lettre, il faut que j'aie pris un mot pour l'autre, erreur que le sens de la phrase eût dû vous faire sentir. Je me suis représenté un joli visage, délicat et blanc, à la vérité, mais non pas aux dépens du reste; et, quelque blancheur que puisse avoir votre teint en général, soyez persuadée que mon imagination ne le noircit pas. Je sais qu'un peu d'incrédulité peut avoir ses avantages, mais je ne saurois mentir, même à ce prix.

A l'effort que vous a coûté l'aveu de votre âge, je croyois que vous m'alliez dire au moins quarante ans. Je me souviens que ma dernière passion, et ça été certainement la plus violente, fut pour une femme qui passoit trente ans. Elle avoit pour sa coiffure le même goût que vous, et il est impossible que le vôtre soit mieux fondé; elle étoit charmante toujours, coiffée en cheveux elle étoit adorable. Mais mes yeux se fermèrent devant ma raison; j'osai lui dire qu'il y avoit plus de grâce que de décence dans sa coiffure, et qu'il la falloit laisser aux jeunes personnes à marier. Elle en aimoit un autre, et n'eut jamais pour moi que de la bienveillance; mais cette franchise ne me l'ôta pas, et dès-lors elle m'en devint plus précieuse encore : je vous dis vrai.

Je suis très-pressé, le courrier va partir; nous traiterons du *Monsieur* dans une autre lettre; aussi bien, je crains que la lecture de celle-ci ne vous ôte l'envie de m'honorer d'un meilleur titre, en me le faisant mériter.

(*De Marianne.*)

Le 24 février 1763.

Votre lettre me met dans un si grand embarras, que je ne distingue bien en moi que la reconnoissance que m'inspire votre obligeante exactitude. Recevez-en mes remercîmens, Monsieur, et croyez que ma sensibilité m'acquitte, autant qu'il est possible, de tout ce que je dois à l'empressement avec lequel vous avez bien voulu me servir.

L'évènement qui peut seul me procurer les moyens d'acquérir une terre, n'est point encore arrivé; cela m'empêche de me décider pour celle dont vous m'envoyez l'état. D'un côté, le prix m'en convient assez, quoiqu'un peu fort, et la situation m'en paroît charmante; de l'autre, il me semble que ses revenus consistent dans une quantité de petites parties difficiles à rassembler pour une personne qui, comme moi, n'y peut pas faire sa résidence ordinaire. Peut-être que cet inconvénient disparoîtroit, s'il m'étoit permis de consulter;

mais le secret qu'exige le seigneur de cette terre, me fixe dans mon incertitude. Je sais bien qu'au cas où elle me conviendroit, il me permet de prendre les conseils dont j'ai besoin. Mais je ne peux pas dire précisément qu'elle me convienne, puisque je n'ai ni les fonds qu'il faut pour la payer, ni la liberté de la faire examiner. Je ne vois dans tout ceci qu'un parti à prendre, et le voici : La circonstance qui doit me faire rentrer dans mes droits ne sauroit être fort éloignée, il est impossible qu'elle le soit ; si le seigneur de Bioley n'est pas pressé de vendre, et que ma parole lui suffise, qu'il ait la bonté de me permettre de communiquer son mémoire à mes gens d'affaires ; pour lors, d'après leur décision, il aura la mienne ; si au contraire il est pressé, il est inutile que je consulte, puisque je ne saurois hâter l'instant qui me mettra en état de conclure. Quelque parti qu'il prenne, son secret sera fidèlement gardé, jusqu'à ce que j'aie reçu sa réponse, et même toujours, s'il le faut. Je me flatte que vous lui en avez aussi fait un de mon nom et de tout ce qui me regarde.

Adieu, Monsieur, vous auriez ajouté aux obligations que je vous ai, si vous m'aviez parlé de votre santé ; je souhaite qu'elle fasse autant de progrès que le sincère intérêt que j'y prends.

(*Billet inséré dans la précédente.*)

Qu'aucune crainte ne vous empêche de traiter du *Monsieur*, que, malgré moi, il a bien fallu employer cette fois-ci. J'ai presque tous les goûts de l'objet de votre plus violente passion : j'aime ma coîffure, mais j'aime encore mieux votre sincérité. Je vous donne, pour répondre à mes deux dernières lettres, autant de temps que vous en voudrez prendre ; à condition, si vous en admettez, que vous répondrez à tout, et spécialement que vous ferez main-basse sur la *petite chose* qui vous déplaît. J'en ai mille à vous dire qui ne vous déplairont pas ; mais il faut auparavant que le chapître du *Monsieur* soit traité à fond ; car la plus grande partie de ces choses dépend de la façon dont il le sera. On ne dit pas à un *Monsieur* tout ce qu'on dit à *un ami*. Sur-tout, consultez bien votre cœur, et que ce soit lui seul qui décide. Je refuserois des amis que la complaisance m'offriroit.

(*De Rousseau.*)

Le 7 avril 1763.

Je suis d'autant plus en peine de vous, Madame, que n'ayant pas de vos nouvelles depuis long-temps, je sais que M. Breguet n'en a pas non plus. Je me souviens bien cependant que vous m'avez écrit la dernière ; mais si vous comptiez à la rigueur avec moi, à combien d'égards ne resterois-je pas insolvable ! Vous m'avez accoutumé à plus d'indulgence, et cela me fait craindre que votre silence actuel n'ait quelque cause, dont la crainte m'alarme beaucoup. De grâce, Madame, tranquillisez-moi par un mot de lettre. Dans l'incertitude de ce qui peut être arrivé, je n'ose faire celle-ci plus longue, jusqu'à ce que je sois assuré que ce que j'écris continue à vous parvenir.

(*De Marianne.*)

16 avril 1763.

Je reçois dans l'instant votre lettre du 7; le plaisir qu'elle me fait seroit trop sensible, s'il n'étoit modéré par la crainte que le retard de la poste n'ait prolongé votre inquiétude. Cependant, il est possible que vous sachiez à présent que M. Breguet a reçu de mes nouvelles, et que vous soyez tranquille sur mon compte. Je le souhaite en vérité de tout mon cœur; quelque flatteuses que vos alarmes soient pour moi, je ne veux point d'une satisfaction qui prenne sur la vôtre. Il ne m'est rien arrivé qui ait pu mettre obstacle à notre correspondance; mon silence n'a eu d'autre cause qu'un découragement trop pénible pour m'être reproché. Accablé de chagrins de tous genres, victime de la mauvaise foi de tous les gens que j'ai obligés, et sur-tout de l'ingratitude d'un mari qui me doit son bien-être, son honneur et sa liberté, toutes mes idées se sont tournées du côté du désespoir; mon cœur s'est rempli d'amertume, mes jours ont été consacrés à des occupations laborieuses et dégoûtantes : dans cet état, je n'aurois pu vous écrire que pour me plaindre, et je me suis tue. J'ai craint que les épanchemens de ma confiance ne vous fussent à charge ; j'ai si peu de part à la votre, que vous ne devez pas condamner cette timidité. D'ailleurs, vous l'aviez vous-même autorisée, en négligeant de me donner les éclaircissemens que je vous avois demandés au sujet de la terre dont vous avez bien voulu me donner le détail : en un mot, j'ai cru que vous ne pensiez plus à moi. Ne vous offensez point de ce soupçon, il ne vous rendoit point coupable à mes yeux ; il me paroissoit tout simple que le malheur qui me poursuit eût mis l'espérance que j'avois conçue de vous intéresser, au rang de celles qui m'ont trompée. Quand vous auriez confirmé cette opinion, que vous avez la bonté de détruire, elle ne relâcheroit point les nœuds qui m'attachent à vous ; je ne reçois point de preuves de votre souvenir, sans me dire que vous ne me devez rien. En effet, d'où et par qui me connoissez-vous ? Une démarche hasardée vous a appris mon existence, et vous avez été obligé de vous en rapporter, sur ma façon d'être, à moi et à une femme qui s'abaisseroit en ne m'élevant pas.

Quand on n'a pas de droits mieux établis sur l'amitié d'un homme qui ne doit pas l'accorder légèrement, ou seroit mal fondé à murmurer de son indifférence. Vous voyez combien il s'en falloit, que le projet de ne faire pour vous qu'autant que vous feriez pour moi, influât sur ma conduite. Perdez pour jamais l'habitude de m'en croire capable, elle m'afflige sincèrement. Ah! que vous êtes loin de savoir quel prix j'attache à ce qui me vient de vous, si vous croyez que je veuille faire valoir les prérogatives de mon sexe, qui pourroient seules m'enhardir à calculer nos attentions réciproques! Quelque chose que je pusse faire pour vous, vous avez trop fait pour moi, et je fais remonter ce *trop* à l'origine de notre commerce. La première fois qu'on vous a écrit de moi, il ne falloit pas répondre; vous vous êtes imposé des obligations presqu'inalliables avec votre genre de vie et vos inclinations, et ces obligations vous deviennent onéreuses; car il est impossible que vous ne souffriez pas de me faire souffrir : vous auriez donc bien fait pour vous. Pour moi, quand je ne vous connoissois que comme tout le monde vous connoît, je vous admirois plus que personne ne vous admire : ce sentiment étoit dé tout point avantageux pour moi ; en pouvez-vous dire autant de tout ceux que vous y avez joints ? Si le desir de contribuer au bonheur d'une créature honnête, vous faisoit illusion jusqu'à vous en donner l'espérance, je vous démentirois. Indépendamment de ce que les traces de la peine sont toujours plus profondes que celles du plaisir, quelle différence entre la durée du temps que j'emploie à lire et relire vos lettres, et la durée de celui que je passe à les attendre. Encore une fois, je n'exige rien ; mais je ne puis me refuser à vous dire que le silence que vous gardez sur les questions que je vous fais, jette dans mon ame une anxiété insupportable. Ces questions sont toutes importantes pour moi ; il y en a une sur-tout........ Mais c'est ici qu'il faut se cramponner; il n'y a point de chemin plus glissant que celui qui mène à l'habitude, et je n'ai que trop celle de croire ce que je crains.

Je dois me faire peindre en miniature pour mon amie, qui est aussi celle de M. Breguet, et la meilleure, comme la plus aimable, que nous ayons l'un et l'autre ; je voudrois que vous vissiez au moins mon portrait. Voulez-vous le voir ? Si vous ne vous en souciez pas, vous ne manquerez pas de tournures honnêtes pour me dire que non ; si vous vous en souciez, et que vous vouliez me promettre de me le renvoyer par le premier courrier qui suivra celui qui vous l'aura porté, je vous l'enverrai. Adieu ; j'ai cent mille choses à vous dire encore, mais je ne saurois m'y résoudre, que vous n'ayez répondu aux cent mille que je vous ai déjà dites, ou du moins que vous ne m'ayez dit que vous n'y répondrez pas.

On dit que vous faites un nouvel ouvrage : il est affreux que ce soit toujours par le public que j'apprenne ce qui vous regarde ! Ne prenez point ceci pour un reproche, c'est seulement un regret que je ne puis empêcher d'aller jusqu'à vous.

(*De Rousseau.*)

A Motiers, le 14 mai 1763.

Vous avez des peines, Madame, qui ajoutent aux miennes, et moi, l'on me fait vivre dans un tumulte continuel, qui ne rend peut-être que trop excusable l'inexactitude que vous avez la bonté de me reprocher. Je vous remercîrois des choses vives que vous me dites là-dessus, si je n'y voyois qu'en rendant justice à ma négligence, vous ne la rendez pas à mes sentimens. Mon cœur vous venge assez de mes torts avec vous, pour vous épargner le soin de m'en punir, et ces torts ont pour principe un défaut, mais non pas un vice. Comment pouvez-vous me soupçonner de tiédeur au milieu des adversités que j'éprouve? L'heureux ne sait s'il est aimé, disoit un ancien poëte, et moi j'ajoute: l'heureux ne sait pas aimer. Jamais je n'eus le cœur si tendre pour mes amis, que depuis que mes malheurs m'en ont si peu laissé. Croyez-m'en, Madame, je vous supplie; je vous compte avec attendrissement dans ce petit nombre, et dans les convenances qui nous lient, j'en vois avec douleur une de trop.

Je vous avoue que je ne relis pas vos lettres depuis assez long-temps : vous concluez de-là qu'elles me sont indifférentes, et c'est tout le contraire. Il faudroit, pour me juger équitablement, vous faire une idée de ma situation, et cela vous est impossible ; il faut la connoître pour la comprendre, je ne dois pas même tenter de vous l'expliquer. Je vous dirai seulement que parmi des ballots de lettres que je reçois continuellement, j'en mets à part des liasses qui me sont chères, et dans lesquelles les vôtres n'occupent sûrement pas le dernier rang ; mais le tout reste mêlé et confondu jusqu'à ce que j'aie le loisir d'en faire le triage. Parmi les qualités que vous avez, et qui me manquent, l'esprit d'arrangement est une de celles dont la privation me cause, sinon le plus grand préjudice, au moins le plus continuel. Tous mes papiers sont pêle-mêle ; pour en trouver un, il faut les feuilleter tous, et je passe ma vie et à chercher et à brouiller davantage, sans qu'après mille résolutions il m'ait jamais été possible de me corriger là-dessus. Il s'agit donc de trier vos lettres, et pour cela il faut tout renverser, tout fureter; pour mettre tout en ordre, il faut commencer par tout mettre sans dessus dessous : cela demande un temps qu'on ne me laisse pas à présent, et un domicile assuré que je suis bien éloigné d'avoir en ce pays. Je ne prévois pas de pouvoir faire cette revue avant l'hiver, temps où la mauvaise saison forcera les importuns à me laisser quelque trève, et où ma situation sera probablement plus stable qu'elle ne l'est à présent. C'est un temps de plaisir que je me ménage, que celui que je passerai à vous relire, et à m'arranger pour pouvoir vous relire souvent. Jusqu'à ce moment, qu'il ne dépend pas de moi d'accélérer, usez de grâce avec moi d'indulgence, et croyez que mon cœur n'est indifférent sur rien de ce que vous m'écrivez, quoique je ne réponde pas à tout, et même que j'en oublie quelque chose.

Quoique je fusse bien fâché de recevoir le Monsieur dans vos lettres, je voudrois bien, Madame, y trouver un titre, et il me semble que vous me l'aviez promis : je vous avertis que ce n'est pas de ces choses qu'il soit permis d'oublier. Il faut pourtant avouer que j'en ai oublié une, et que si vous me jugez à la rigueur, cet oubli me rend indigne de la savoir; c'est votre nom de baptême, que vous m'avez dit dans une de vos lettres, et que je rougis devant vous de ne pouvoir me rappeler. Je n'ai que cet aveu pour ma justification ; mais vous qui lisez si bien dans les cœurs, vous excuserez le mien : quand un crime de cette espèce nous rend vraiment coupable, on ne l'avoue jamais. De grâce, le joli nom de baptême ; car notez que je me souviens très-bien qu'il l'est. En vérité, vous êtes trop ma Dame, pour que je vous appelle Madame plus long-temps.

Si je veux voir votre portrait ! Ah ! non-seulement le voir, mais l'avoir, s'il étoit possible. A la vérité, je suis bien éloigné d'avoir du superflu ; mais si une copie de ce précieux portrait, faite pourtant de bonne main, pouvoit ne coûter que huit à dix pistoles, ce ne seroit pas les prendre sur mon nécessaire, ce seroit y pourvoir. Voyez ce qui se peut faire, et ce que vous pouvez permettre que je fasse. Un présent d'un prix inestimable sera votre consentement ; vous sentez que ma proposition en exclut toute autre.

Je ne vous ai point envoyé, Madame, d'explication ultérieure sur la terre en question ; d'abord, parce que je remis votre lettre à

M. notre châtelain, qui l'envoya à M. de Bioley son beau-frère, et celui-ci l'a gardée un temps infini. Ensuite, je trouvai que les éclaircissemens qui me furent donnés verbalement n'ajoutoient rien à ce que je vous avois déjà écrit. On consent, et l'on avoit déjà consenti à toutes les consultations qui peuvent vous être utiles; on vous prie seulement de n'en parler qu'autant qu'il convient à vos intérêts. Quant aux petites parties dont la recette est composée, elles ne causent aucun embarras, puisqu'elles s'apportent toutes au château le jour marqué, et qu'on peut affermer le tout, ou charger un receveur de ce détail. Une autre raison encore a un peu ralenti le zèle que j'avois de vous voir acquérir des possessions en ce pays; mais cette raison ne regardant absolument que moi, ne doit rien changer à vos projets, ainsi nous en parlerons plus à loisir.

Me voilà bien en train de babiller, et tant pis pour vous, Madame; car, quand je bavarde tant, je ne sais plus ce que je dis; tant pis aussi pour moi, peut-être; j'ai peur, quand ma ferveur se réchauffe, que la vôtre ne vienne à s'attiédir. N'auroit-elle point déjà commencé?

(De Marianne.)

Le 19 mai 1763.

Si *ma ferveur n'a pas déjà commencé à s'attiédir?* Quel doute cruel! Vous le pardonnerois-je, mon inestimable ami, si je pouvois croire qu'il ne l'eût pas été pour vous-même ? Croyez-en la sincère *Marianne*, le seul desir qui soit maintenant ralenti dans mon cœur, est celui d'aller m'établir en Suisse; si je prends ce parti, il ne sera plus que le résultat d'une combinaison froide, puisqu'elle n'aura pour objet qu'une précaution qu'il seroit bien à souhaiter que je ne fusse pas dans le cas de prendre : je me flatte que vous m'entendez.

Votre lettre m'a transportée; il n'y a pas jusqu'à l'exactitude de l'adresse, qui ne m'ait été jusqu'à l'ame. Aussi, comme elle m'a trouvée seule, mon premier mouvement a été de faire fermer ma porte, afin que rien ne tentât de me distraire d'une impression si chère, et de partager un temps que je veux tout vous donner. Quel charme inexprimable vous mettez dans tout ce que vous dites! Et vous vous offensez quand je me plains d'un silence que le plaisir de vous avoir entendu parler me rend insupportable! Cela est il juste? Cependant, mes idées sont si bien subordonnées aux vôtres, que je crois avoir tort de n'être pas toujours contente. Je crains de tout perdre en voulant trop avoir; je me rappelle que mon indiscret empressement a déjà changé l'enthousiasme flatteur que je vous avois inspiré, en une froideur accablante. *L'attachement et les soins gagnent les cœurs, mais ils ne les recouvrent guères.* Vous semblez l'avoir dit pour contenir l'avidité du mien, et cet arrêt me fait trembler. Mais, mon ami, qui, après avoir goûté les douceurs de votre commerce, et espéré de les entasser, pourroit dire : c'est assez? Tous les importuns qui vous détournent de moi, méritent-ils mieux que moi que vous vous occupiez d'eux? A cet égard, comme à bien d'autres, la mesure du sentiment est celle du mérite : je ne crains pas la concurrence. Si vous pouviez savoir dans quel situation me jette l'apparence de votre oubli! Je me dis sans cesse : uniquement occupé d'éclairer l'univers, il s'inquiète peu que son abandon plonge mon ame dans d'affreuses ténèbres; il sait pourtant que rien n'approche plus du néant que l'abandon d'un ami. Hélas! ses sublimes écrits ne formeront peut-être pas un seul sage : il n'est point de bien plus sûr pour lui que celui qu'il pourroit me faire. *L'occasion de faire des heureux est plus rare qu'on ne pense ; la punition de l'avoir manquée est de ne la plus retrouver.* Il est vrai que jamais la diminution de mes sentimens pour lui n'entraînera celle de l'influence qu'il a sur mon sort ; il sera toujours le maître de répandre la satisfaction sur mes jours. Mais si, pour lui enlever un privilège qu'il néglige, la Providence alloit me rappeler dans son sein.... Là, j'avoue ma foiblesse, mon cher ami, toutes mes idées se confondent, et je n'apperçois plus que les horreurs qui doivent accompagner les derniers momens d'une personne sensible, quand ils sont dénués des consolations de l'amitié. Pardonnez si mon attendrissement provoque le vôtre, et si je reviens toujours au besoin que j'ai de recevoir des marques de votre souvenir ; mais, en vérité, quand vous ne m'écrivez point, je ne saurois m'empêcher de me croire aussi loin de votre esprit que de vos yeux.

Vous me parlez de l'instabilité de votre domicile actuel, avec une obscurité qui me désole, et je n'ose ni faire expliquer l'oracle, ni l'interpréter. Seriez-vous encore tourmenté ?

Vous éloigneriez-vous encore ? On dit que le roi de Prusse vous demande : quel espace nos lettres auront à franchir ! Et, ce qui est bien pire encore, quel climat pour votre santé ! Ah ! la protection du ciel sur ses plus beaux ouvrages n'est point assez spéciale !

Vous recevez la proposition de voir mon portrait, mon aimable ami, avec une chaleur qui me glace, non pas jusqu'à me faire rétracter ma parole, mais jusqu'à me faire repentir de vous l'avoir donnée. Entendez bien ce que je vous dis, et vous n'en serez point blessé. Vous le verrez, ce portrait; il me trompe, ou il sera frappant, mon ami.... Faut-il qu'un refus suive ce délicieux titre ? Oui; eh ! où sont les plaisirs sans mélange de peines? Je ne puis consentir à ce que vous vous procuriez, par quelque moyen que ce soit, la copie de ce portrait : notre amitié n'est point assez connue; je veux trop qu'elle soit ignorée, pour que vous puissiez avoir mon portrait ouvertement, et vous savez avec quelle rigueur le préjugé s'oppose à ce que vous l'ayez sous le sceau du mystère; ainsi, renoncez-y. Vous m'avez rarement plus affligée, qu'en me marquant ce desir. Je suis pourtant fâchée de ce qu'en supposant que je consente à vous permettre d'avoir le portrait de votre amie, vous paroissez décidé à lui refuser l'avantage de vous l'offrir. Je n'ai plus qu'une ressource; c'est qu'après l'avoir vu, il vous en coûte moins pour vous en détacher que vous ne l'imaginiez; et, en vérité, je le souhaite. Il ne seroit pas bon que les traits de mon visage ajoutassent à ce que ceux de mon caractère vous ont fait d'impression : qu'ils n'y nuisent pas, c'est tout ce que je demande. Adieu, mon ami; soyez sûr que je vous suis trop attachée, et qu'il n'y a nulle compensation entre ce que notre liaison m'a causé de chagrin et de joie.

Si vous m'aviez parlé à temps de votre lettre à Monsieur l'archevêque, j'aurois pu me la procurer par des personnes de la connoissance de M. du Terreaux, qui sont arrivées récemment de Suisse. Vous êtes d'une telle réserve sur tout ce qui vous regarde, que je soupçonne du ménagement pour moi; et, cela posé, je vous en remercie. Mais, dans la crainte de m'exposer à un mal imaginaire, vous me privez d'un bien réel et inestimable à mes yeux, les preuves de votre confiance. Faites-vous un bon marché pour moi?

(*De la même.*)

Le 22 mai 1763.

A peine avez-vous décacheté ma dernière lettre, qu'en voici une autre, mon illustre ami. Mais indépendamment de ce qu'on est toujours porté à faire un fréquent usage d'un droit qu'on a vivement desiré d'acquérir, il faut que je vous parle d'une chose qui n'a pu trouver place ni dans mon esprit, ni dans ma lettre, la dernière fois que je vous écrivis. Voici ce que c'est. On m'a assuré que les catholiques ne pouvoient pas posséder de biens dans le baillage d'Yverdun, qui dépend du canton de Berne, et où est située la terre de Bioley. Si on ne m'a pas trompée, il est inutile que je fasse aucune consultation pour savoir si elle me convient. C'est de quoi je vous prie de vous informer avec soin, afin d'éviter de commettre inutilement le secret de M. de Bioley, qui a été jusqu'ici scrupuleusement gardé. Au reste, mon digne ami, cet éclaircissement une fois pris, je ne vous donnerai plus de semblables commissions : mon établissement en Suisse n'étant plus pour moi une affaire de sentiment, ce n'est plus la vôtre. N'étant plus conduite dans le pays que vous habitez actuellement par l'espérance d'y vivre auprès de vous, je n'y acquérerai de fonds, si j'en trouve à ma bienséance, que pour assurer ma fortune; et ce motif n'est pas assez pressant, pour que je veuille vous faire partager les embarras qu'il peut entraîner. Mettez à me donner de vos nouvelles, le temps que vous mettriez à faire des perquisitions; vous me servirez d'une façon bien plus agréable pour moi. J'ai en Suisse des connoissances directes et indirectes qui se chargeront volontiers de ce soin, à qui il convient mieux de le prendre, et de qui je n'en attends pas, comme de vous, de bien plus touchans.

Vous n'avez pas besoin, mon ami, de trier toutes mes letttes (occupation à laquelle je ne souhaite plus que vous vous livriez, que parce qu'elle suppose votre repos bien affermi), pour savoir quelle est la petite chose qui vous déplaît en moi : je la regarde comme un défaut dont je brûle de me corriger. De grâce, débarrassez-vous, en me la disant, de mon importun rabachage; et, au lieu de me dire que j'ai des qualités qui vous manquent, indiquez-moi les moyens d'acquérir quelques-unes de celles que vous avez. Adieu, mon incomparable ami ; vous avez mis de furieuses entraves à mes desirs, en me disant : *l'heureux ne sait pas aimer.*

M. du Terreaux vient de me dire que quelques ministres de votre canton avoient été blessés de ce que vous dites d'avantageux pour pour M. de Montmollin dans votre lettre à Monsieur l'archevêque, et que leur jalousie leur avoit fait trouver mauvais que vous l'eussiez écrite. Si c'est c la qui vous cause des désagrémens, et vous fait projeter de quitter Motiers, mon ami, je crois que vous avez tort. Là, comme par-tout, la saine partie des habitans se déclarera toujours pour vous; le clergé n'a aucune autorité dans les états du roi de Prusse. Il ne peut donc que tenir de mauvais propos, que vous devez mépriser, et il est certain que vous êtes estimé, considéré et chéri de tout le reste, même des femmes, de qui pourtant vous n'avez pas trop bien parlé ! Si vous n'avez pas de plus solides raisons de vouloir quitter le séjour que vous honorez de votre présence, de grâce n'y pensez plus ; n'exposez pas votre santé au tort que peut lui faire la rigueur du climat des lieux où vous pourriez vous retirer. Ce seroit me donner une marque bien flatteuse de vos sentimens pour moi, que de braver l'envie de vos adversaires, pour m'épargner l'inquiétude que votre déplacement me causeroit. Puisse cette considération vous en inspirer le courage !

(*De Rousseau.*)

A Motiers, le 17 juin 1763.

Quel silence! quel temps j'ai choisi pour le garder! O cette charmante Marianne! Que pensera-t-elle, que dira-t-elle maintenant de celui qu'elle a honoré du précieux nom d'ami, et qui, pour prix de ce bienfait, se tait avec elle depuis six semaines? Quand je pense combien je suis coupable, la plume me tombe des mains, et je n'ai pas le front de continuer d'écrire. Il le faut cependant pour ne pas aggraver le crime par le repentir. Soyez donc aussi clémente qu'aimable, acceptez ma contrition. Je ne mérite grâce qu'en un seul point; mais tel qu'il suffira pour l'obtenir de vous, je l'espère: c'est que je sens tout mon crime, et ne cherche point à l'excuser.

En vérité, je suis bien heureux que vous soyez si bonne; car, si vous vouliez ne pas l'être, vous auriez de terribles manières de tirer sur les gens. *Il n'y a pas jusqu'à l'exactitude de l'adresse qui ne m'ait été jusqu'à l'ame.* C'est une bombe que cela, douce Marianne, et je m'en sens d'autant plus écrasé, que je ne l'ai que trop attirée. Ce qu'il y a de plus humiliant pour moi, est qu'à présent même, elle m'échappe encore, cette adresse, qui m'est pourtant si chère, et qu'il faudra qu'avant d'envoyer cette lettre, j'aille passer trois heures à la rechercher dans un plein coffre de papiers qui me sont tous aussi importans, mais non pas aussi chers que vos lettres. Malgré cela, si vous lisiez dans mon cœur, vous le verriez plein de sentimens pour vous, dont l'effet peut aller plus loin que de mettre exactement une adresse.

Vous ne voulez pas me laisser échapper sur la petite chose que je disois me déplaire en en vous. Il faut pourtant que vous me fassiez grâce encore sur ce point ; car il m'est impossible de vous satisfaire, et vous seriez bien étonnée, si je vous en disois la raison. Qu'il vous suffise, je vous supplie, d'être sûre comme vous devez l'être, puisque c'est la vérité, que cette petite chose, si jamais elle a existé, n'existe plus; que de toutes les choses que je connois de vous, il y en a mille qui m'enchantent et pas une qui me déplaise, sur-tout depuis que vous n'exigez plus, dans notre commerce, l'exactitude qu'il m'est impossible d'y mettre; mais j'avoue que si la vôtre se relâche, je me voudrai bien du mal de n'oser vous rien reprocher.

Je ne l'aurai donc point, le portrait de cette charmante Marianne! elle l'a ainsi décidé. Je vous avoue pourtant que la raison sur laquelle vous me refusez la permission de le faire copier, m'auroit fait rire, si le refus m'eût moins fâché. Un pauvre barbon malade et sec comme moi, doit être bien fier de n'être pas, pour vous, un homme sans conséquence. Mais puisque j'en porte les charges, j'en devrois bien avoir aussi les droits.

Il est vrai, Madame, que, selon la loi, les catholiques ne peuvent pas acquérir des terres dans le canton de Berne; mais on m'assure que les permissions ne sont pas difficiles à obtenir; et, en effet, il y en a divers exemples, du moins à ce qu'on me dit; car, pour moi, je n'en connois pas. J'ai écrit dans le canton même pour avoir des éclaircissemens plus sûrs; mais je n'ai pas encore de réponse. Pour moi, si cette acquisition ne peut se faire, j'en serai bientôt consolé, puisque, si ma santé me le permet, je suis déterminé à quitter ce pays, et que si elle ne me le permet pas, je ne serois pas en état d'y profiter de votre voisinage. Milord Maréchal a pris tout de bon son parti, et va en Écosse, où je l'irai joindre sitôt que je serai en état de supporter le voyage; ce que malheureusement je ne saurois à présent, sans quoi je serois déjà parti pour la Hollande, où il m'a marqué qu'il m'attendoit quelques jours. Malgré mon dépérissement, je ne puis renoncer à la douce espérance d'aller enfin passer le reste de ma vie en paix entre Georges-Keith et David-Hume.

Bonjour, belle Marianne; je voudrois bien qu'au lieu d'habiter le quartier du Palais-Royal, vous habitassiez la ville d'Aberdeen; j'aurois du moins quelqu'espoir de vous y voir un jour.

(*De Marianne.*)

Le 21 juillet 1763.

Il est inutile que j'attende des lettres ; vingt-neuf courriers sont arrivés depuis que je n'en ai reçu : je n'en recevrai plus..... Eh bien! je relirai celles que j'ai, et j'en écrirai encore. Mon ami, vous êtes cent fois plus intéressant qu'il ne faudroit l'être, quand on ne peut nourrir, par ses procédés, les sentimens qu'on inspire par ses vertus. Si vos qualités n'étoient qu'admirables, je vous tiendrois quitte envers moi, mais elles sont attachantes, et promettent un retour que votre cœur n'accorde pas. Encore, si je vous savois heureux et tranquille! Mais tout ce qui sort de votre plume décèle une ame en proie à la douleur, et la dignité qui éclate dans vos écrits est celle qu'on ne puise qu'au sein des disgrâces. D'un autre côté, j'entends dire qu'on va chez vous sans vous trouver ; qu'un certain baron hongrois obtient une grande partie de votre temps ; qu'une amie plus heureuse que moi vous procure un asile, où vous pouvez échapper aux importunités des habitans de la ville, et vous ne pouvez prendre ni sur vos promenades, ni sur un ami d'un jour, ni sur les momens que vous passez dans votre hermitage, un seul moment pour calmer mes inquiétudes, lorsque vous n'avez rien épargné pour les rendre aussi vives qu'elles pouvoient le devenir ! Et dans quel temps paroissez-vous si bien m'oublier ? c'est lorsqu'ayant desiré de voir mon portrait, vous devez penser que je n'attends qu'un nouveau signe d'approbation de votre part pour vous l'envoyer..... Quel homme êtes-vous donc? votre silence m'affligeoit; votre lettre m'afflige plus encore..... Ah! combien je vous reproche le bonheur que vous vous promettez d'aller passer vos jours entre *Georges-Keith* et *David-Hume*! Est-ce bien ce même cœur qui a peint, d'une façon si touchante, les charmes d'une société composée de gens sensibles, ce cœur qui a dicté les lettres qui ont si fort attendri le mien, qui ne cherche plus que la société des sages, et qui voit sans s'émouvoir tous les liens qui l'attachoient à ses amis, se relâcher ou plutôt se rompre?.... Quelle révolution il faut qui se se soit faite en vous! Vous n'êtes plus jaloux que des douceurs de la paix, vous qui fûtes si touché de celles du sentiment. Il faut donc que je vous pleure comme mort. Je ne suis pas sans chagrins, et j'ai senti tous les vôtres. Ah! de quel appui vous privez ma constance, en m'ôtant l'espoir de vous voir vivre!... Mais ce n'est qu'en retombant sur moi-même, que je pourrai arrêter mon attendrissement : revenons à mon portrait. Je n'en suis pas aussi contente que l'esquisse me l'avoit fait croire. Ce sont bien mes traits; mais l'ame qui les anime, et qui seroient pour vous le plus grand charme de ma figure, n'y est pas; et vous en pouvez prendre une idée tout aussi juste sur la description que je vous en ai faite, que sur mon portrait. Je crois qu'il devient inutile que je vous l'envoie, vous pourriez partir dans l'intervalle : je le souhaite même, puisque vous n'êtes retenu que par vos maux; le soin de me le renvoyer vous embarrasseroit. D'ailleurs, je craindrois que cette nouvelle marque de confiance ne m'attachât encore à vous, et n'augmentât mes droits, bien mieux à mes yeux qu'aux vôtres. Voyez cependant, dites un mot, et il part. Vous êtes dans la situation où il faut être pour bien juger de ce qui se passe dans le cœur des autres; le vôtre n'est plus ému de rien. Adieu, mon ami; les larmes me suffoquent; mais ne croyez pas que j'en rougisse; je n'en ai pas assez fait verser pour cela.

A Mme. Boy de la Tour.

Le 13 août 1763.

Quelqu'un qui sait, Madame, que vous êtes amie de M. J. J. Rousseau, et qui n'ose s'en rapporter sur sa situation, à l'incertitude des bruits publics, vous prie instamment de vouloir bien lui en donner des nouvelles. Des inquiétudes qui ont pour objet la santé de cet homme, encore plus estimable que célèbre, doivent vous disposer assez bien en faveur de la personne qu'elles tourmentent, pour vous déterminer à l'honorer d'une réponse. Ayez, s'il vous plaît, la bonté de l'adresser à Mme. Prieur à.... Vous êtes la maîtresse, Madame, de dire à M. Rousseau qu'on s'est adressé à vous pour fixer des doutes pénibles sur son état. Il mérite bien de jouir de l'intérêt qu'il inspire; et, de quelque part qu'il vienne, il suffit qu'il soit sincère, pour que son cœur en soit flatté.

Vous êtes priée, Madame, de ne parler de cette lettre à qui que ce soit au monde, excepté M. Rousseau, et même de la brûler, parce qu'elle contient un nom qui n'est pas inconnu dans le pays que vous habitez.

Réponse.

Je suis très-flattée de l'honneur de votre lettre, et très-charmée d'être à même de vous tranquilliser sur la santé de M. Rousseau, qui a été altérée, au point d'alarmer ses amis. Mais, grâces à l'immortel, il est mieux à présent. Je viens de communiquer à cet excellent homme votre chère lettre; il m'a répondu qu'il y répondroit lui-même; je n'ai cependant point balancé à vous en accuser la réception, et à vous annoncer le retour d'une santé qui intéresse tous les honnêtes gens. Soyez persuadée de ma discrétion, ayant l'honneur d'être très-parfaitement, etc.

(*De Rousseau.*)

21 août 1763.

J'ai reconnu, très-bonne Marianne, la sollicitude de votre amitié dans la lettre que Mme. Prieur a écrite ici à Mme. Boy de la Tour ; vous et Mme. Prieur ignorez sans doute que Mme. Boy de la Tour ne demeure pas ici, mais à Lyon. Comme la lettre a été reçue par gens peu propres à garder les secrets d'autrui, en me chargeant d'y répondre, je me suis pressé de la retirer. Si j'étois en meilleur état, que j'aurois de choses à vous dire sur la dernière que vous m'avez écrite, et sur les précieuses taches dont elle est enrichie ! Mais je souffre, chère Marianne, et mon corps fait taire mon cœur. Si je croyois que cette paralysie dût durer toujours, je me regarderois comme déjà mort ; mais si mon état me laisse quelque relâche, je le consacrerai à penser à vous, et je vous redevrai la vie. Envoyez-moi votre portrait ; cependant, peut-être sa vue ranimera-t-elle un sentiment qui s'attiédit par mes souffrances, mais qui ne s'éteindra jamais pour vous.

Au reste, ne vous effrayez pas trop de ma situation actuelle; elle étoit pire ces temps derniers; mais j'avois des momens de relâche, et maintenant je n'en ai plus. J'aimerois mieux de plus vives douleurs et des intervalles; mais, souffrant continuellement, je ne suis tout entier à rien, pas même à vous. Ainsi, ne faites plus honneur à ma sagesse d'un détachement qui n'est que l'effet de mes maux. Qu'ils me laissent un moment à moi-même, et vous retrouverez bientôt votre ami.

(*De Marianne.*)

Le 25 août 1763.

Quoi! toujours des souffrances! Est-ce là ce mieux dont Mme. Girardier m'avoit flattée dans sa réponse? Car c'est moi, mon ami, qui ai écrit à Mme. sa fille, la croyant domiciliée à Motiers, et non Mme. Prieur. J'ai donné son adresse pour m'envelopper davantage, et je ne me console de ce que vous n'avez reconnu ni mon style, ni mon écriture, bien que je l'eusse déguisée, que parce que vous avez reconnu mon cœur. Au surplus, mon ami, en supposant Mme. Prieur auteur de cette lettre, vous ne lui prêtiez point un langage qui lui soit étranger; cette excellente amie connoît tous mes sentimens pour vous, et les partage; elle vous estime et vous honore plus que personne. Pour que l'intérêt qu'elle prend à vous soit aussi vif que celui que j'y prends moi-même, il ne lui manque que d'être l'objet de ces touchantes préférences qui ont si fort échauffé mon ame; et elle le seroit, si elle eût entrepris de me les disputer. En un mot, je suis la seule au monde qui puisse vous aimer plus qu'elle ne vous aime, et sans doute elle est plus sage que moi; je dis plus, elle est plus équitable, et plus désintéressée : car, enfin, c'est à votre mérite seul qu'elle rend hommage ; et puis-je absolument détacher de la douceur de m'occuper de vous, la douceur de penser que je vous occupe aussi quelquefois?

Je vous enverrai mon portrait aussitôt qu'il sera achevé, mon illustre ami. Il le seroit, si la Demoiselle qui le fait n'avoit pas eu une fausse fluxion de poitrine qui l'a retenue au lit pendant plus d'un mois. Aussitôt qu'elle sera en état de travailler, je la presserai, et aussitôt qu'il sera fini, je vous l'enverrai. Ne vous attendez pas à me trouver tous les charmes que votre imagination me prête ; je n'en ai qu'un capable de vous toucher, et celui-là, le pinceau ne peut le rendre.

Mon ami, votre situation ne vous fait pas éprouver plus de maux qu'elle ne m'enlève de plaisirs. Vous, qui vous exprimez avec tant de délicatesse, combien n'en auriez-vous pas mis dans le détail des impressions que vous ont faites ces *taches* que vous me rappelez, afin que je sache que, du moins, vous les avez remarquées ! Ce premier mouvement que vous n'avez pu suivre, ne se rencontrera plus : c'est pour moi une perte irréparable. Croyez cependant, mon ami, que le regret que j'en ai n'est pas le plus amer que je sente, et que vos souffrances m'affectent encore plus douloureusement que la privation qu'elles m'ont causée.

Avez-vous enfin renoncé à cet affreux projet d'aller en Écosse ? Oh ! non ; vous vous seriez hâté de me le dire. Quelle ressource me restera ? A qui m'adresserai-je, quand vos maux, quand des raisons que je dois toujours respecter, vous empêcheront de me donner de vos nouvelles ? Vous-même, par qui entendrez-vous parler de moi ? Si quelque contre-temps imprévu arrête mes lettres, ne pourrez-vous pas penser que la maladie, que la mort même a terminé le cours des témoignages d'un attachement qui doit durer autant que ma vie ? Et pourrez-vous le penser sans chagrin ?........ Mais, que fuyez-vous, et qu'espérez-vous en quittant des hommes pour aller trouver des hommes ? Est-il quelque climat où leurs défauts ne l'emportent pas sur leurs bonnes qualités ? et n'est-ce pas à celui qui vous a vu naître que vous devez le spectacle de vos vertus ?........

Mais, est-ce à moi à faire parler la raison? Le sentiment est bien plus fort dans la bouche d'une amie, et cependant son éloquence a été sans effet sur vous......

Adieu, mon ami; vous m'aviez promis de prendre les eaux; peut-être auroient-elles prévenu le redoublement de vos douleurs; vous ne l'avez pas fait, et votre coupable négligence prouve que vous ne craignez pas assez d'accroître les miennes.

On dit que vous avez fait un voyage à Pontarlier; cela est-il vrai?

(*De la même.*)

Le 15 septembre 1763.

Il est enfin achevé, mon ami, ce portrait si long-temps attendu. Vous recevrez cette lettre lundi prochain : si je reçois un mot de vous samedi 22, il partira lundi 24. Pardonnez-moi de ne pas vous l'envoyer sans avoir eu de vos nouvelles ; mon dessein n'est point de vous arracher une lettre de plus ; mais je n'oserois risquer de confier mon portrait à la poste, sans être sûre que vous êtes prévenu du jour où il arrivera. Cette lettre pourroit être perdue ; vous pourriez être absent, et il pourroit tomber dans des mains infidèles ; ce qui seroit de la plus grande conséquence pour moi.

Vous allez donc juger la figure de cette femme, dont vous avez si sévèrement jugé l'ame, l'esprit et les procédés. Si elle alloit ne pas vous plaire, ce qui pourroit fort bien être, de plus agréables ne plaisent pas à tous les yeux, au moins dites-le moi ; je tâcherai de supporter cette humiliation, de façon à augmenter la bonne opinion que vous avez enfin prise de mon caractère. Soyez du moins persuadé que ma vanité n'a point conduit le pinceau de ma peintresse, et que, de son aveu, elle ne m'a pas flattée.

Comment vont vos douleurs, mon cher ami? Comment vont vos chagrins, que je redoute encore plus qu'elles? Oh! combien je voudrois que vous ne fussiez sensible qu'à ce qui vous vient de moi, et de ceux qui savent vous apprécier comme moi! Mon illustre ami, soyez donc au-dessus de l'espèce humaine par votre courage, comme vous l'êtes par vos talens. N'aurez-vous vécu que pour les autres? Mon cœur se serre quand je pense à toutes les angoisses qui ont assiégé le vôtre, et j'y pense souvent. Dépouillez les hommes d'un pouvoir illégitime, en devenant indifférent aux abus qu'ils en font. Vous ne devez dépendre que de l'être qui vous a admis à partager ses perfections, autant qu'une créature pouvoit l'être. Pour moi, je ne vois rien entre lui et vous. Adieu, mon respectable ami : soignez bien votre santé, vous m'en devez compte.

Je n'insiste point sur la promesse que vous m'avez faite, de me renvoyer mon portrait. Votre parole n'est pas un garant équivoque; je vous connois trop pour m'en défier.

(*De la même.*)

Le 27 septembre 1763.

L'heure de la poste est passée. Pas un mot de vous. O mon ami, mon cœur est ulcéré, et ma raison n'a pas assez d'empire sur moi pour m'empêcher de vous le dire. Votre silence dans ce moment-ci, est d'autant plus affreux pour moi, que je ne puis l'attribuer qu'à une cause désespérante. Ou vous êtes fort malade, et votre corps, comme vous l'avez dit, fait taire votre cœur; ou votre cœur se tait de lui-même : quelle alternative pour le mien !.......... Mais, je serois moins malheureuse d'avoir à me plaindre de vous, que d'avoir à vous plaindre. Peut-être vous portez-vous bien, et avez-vous bien mieux aimé faire autre chose que de me répondre c'est à cette supposition que je m'arrête. Quoi! mon excellent ami, vous pouvez décider de l'instant où vous verrez mon portrait, et vous l'éloignez à plaisir! Ah! ce n'est pas ainsi que je traite le vôtre, quoiqu'il n'ait pas le charme de me venir de vous; je le regarde sans cesse; il est sous mes yeux au moment où je vous écris; je lui trouve un air de sentiment qui me rend votre indifférence plus cruelle. Ne vous impatientez pas contre moi. A Dieu ne plaise que je veuille porter dans votre ame l'ennui de l'obsession: je voudrois vous épargner jusqu'aux plus légères peines. Mais il m'étoit si doux de vous croire de l'amitié pour moi, et les traits d'une amie s'offrent si rarement aux regards d'un homme délicat, que votre négligence à vous procurer la vue de mon portrait doit m'être bien sensible. Dieu! combien elle contraste avec mon empressement à avoir le vôtre aussitôt que je l'ai pu, et avec l'air de triomphe dont je l'ai porté à Mme. Prieur, seule digne d'apprécier et de partager le plaisir qu'il m'a fait! Il est vrai qu'il m'est cher à plus d'un titre, car il m'a appris que cette précieuse amie vous ressemble un peu, et c'est une raison pour moi de vous aimer encore plus l'un et l'autre. Mais, quand il ne m'auroit représenté que vous, je l'aurois regardé comme un trésor inestimable. Ah! mon cher ami, pourquoi vous ai-je connu si tard? Pourquoi des maux, des chagrins, des embarras sans nombre, et peut-être des affections exclusives, se sont-ils emparés de votre ame avant que j'aie tenté d'y pénétrer? Ils n'auroient pu affoiblir des sentimens qu'ils ont bien pu empêcher de naître. Adieu, mon ami, je ne sais que souhaiter..........Que dis-je? Ah! dût-il être cent fois plus prouvé que mon attachement n'obtient pas le prix qu'il mérite, c'est votre bonheur que je veux.

(*De Rousseau.*)

A Motiers, le 2 octobre 1763.

Vous n'avez pu, chère Marianne, recevoir le 22 réponse à votre lettre du 15 que je n'ai reçue que le 26, et cela par plusieurs raisons. Premièrement, vous mettez dans vos calculs plus de précision que les postes dans leur service. Mes lettres me parviennent fidèlement, mais jamais régulièrement, et je trouve presque toujours quelque retard sur les dates. En second lieu, je fais des absences le plus souvent que je puis, attendu que la marche est très-nécessaire à mon état, et que les espions et les importuns me rendent mon habitation insupportable. J'étois donc absent quand votre lettre est venue, et elle m'a attendu quelques jours chez moi. Enfin, par des précautions, que les curieux d'ici rendent nécessaires, ma correspondance, en France, est assujétie à quelque retard. J'ai pris avec le directeur des postes de Pontarlier un arrangement, par lequel il me fait tous les samedis un paquet des lettres venues pendant la semaine, et moi je lui en fais un tous les dimanches des réponses que j'ai écrites dans la semaine. Or, comme je les date ordinairement du jour qu'elles doivent partir d'ici, le retard des miennes n'est pas constaté par les dates, au lieu que celles que je reçois, selon les jours où elles sont écrites, en restent quelquefois six ou sept à Pontarlier avant que de me parvenir. Cet arrangement est sujet à inconvénient, j'en conviens, mais il est nécessaire. L'exactitude que vous mettez, et que vous exigez dans le commerce, me force à tous ces détails.

Me dire que vous comptez sur la promesse que je vous ai faite de vous renvoyer votre portrait, c'est m'en faire souvenir; je crois que cela n'étoit pas nécessaire. Il est vrai que si je pouvois manquer à ma parole, et vous tromper, c'en seroit l'occasion la plus tentante et la plus excusable; mais ma faute seroit plus pardonnable que votre crainte; vous eussiez mieux fait d'en courir le risque de bonne grâce.

Je ne doute pas que votre envoi ne me parvienne aussi sûrement que toutes mes lettres; cependant, pour surcroît de précaution, vous pouvez me l'adresser sous enveloppe à l'adresse de *M. Junet, directeur des postes à Pontar-*

lier. S'il arrive ici durant mon absence, n'en soyez point en peine ; j'ai une gouvernante aussi sûre et plus soigneuse que moi. Quant à l'effet, je n'en puis parler d'avance. Ce sera beaucoup s'il vous est avantageux. Je crois que la peintresse ne vous a pas flattée; mais je vous vois déjà de la main d'un autre peintre, duquel je n'en oserois dire autant.

Vous me donnez des leçons très-tendres et très-sensées, dont je tâcherai de profiter. Si mes ennemis ne faisoient que me persécuter, cela seroit supportable; mais ils m'obsèdent et m'ennuient ; voilà comme ils me feront mourir. Aimez-moi, chère Marianne, écrivez-moi, consolez-moi ; voilà mon meilleur remède.

Je reçois votre lettre du 27 septembre : elle me ravit et me navre. Il est bien cruel que de toutes les suppositions que mon silence vous fait faire, il n'y en ait pas une qui l'excuse.

(*De Marianne.*)

Le 8 octobre 1763.

Ah! s'il ne falloit que vous aimer pour vous guérir, depuis que je vous connois vous n'auriez pas été malade ; et s'il suffisoit de vous écrire pour vous consoler, vos chagrins auroient-ils tenu contre le genre et la quantité de mes lettres ? Mon ami, ne me flattez pas d'un pouvoir que vous ne m'avez pas donné. Les témoignages de mon affection peuvent à peine vous distraire des entours qui vous contrarient et des occupations qui vous fatiguent, et vous regardez l'obligation d'y répondre comme un devoir pénible, qui vous fait trop acheter le léger plaisir qu'ils vous ont procuré. Je sais bien cela ; aussi vous tiens-je grand compte de votre complaisance, et du détail que vous me faites. J'entends qu'au moyen du nouvel arrangement que vous avez pris, je ne pourrai recevoir de vos nouvelles que le jeudi, et vous n'aurez des miennes que le dimanche. Il est bien honnête à vous de trouver des inconvéniens dans cet arrangement ; mais si vous étiez exposé comme moi à mourir d'impatience trois fois par semaine, vous trouveriez fort bon que tout cela fût rassemblé sur un seul jour. Il vaut mieux désespérer de ce que l'on souhaite, que l'espérer toujours, et être presque toujours trompé. Au reste, vous avez raison de me badiner sur la *précision* de mes calculs ; ils me paroîtroient minutieux comme à vous, si j'étois accoutumée comme vous à tout embrasser d'un coup-d'œil.

Ce seroit beaucoup, dites-vous, mon ami, si l'effet de mon portrait m'étoit avantageux : cela étant, il ne me le sera certainement pas. N'importe, je vous l'envoie ; il faut acquitter sa parole. Belle leçon à faire à un homme qui m'avoit promis les *cœurs de mille St.-Preux dans un seul*, et cela lorsqu'il n'étoit pas question du visage de Julie ! Mais cette leçon ne tire à conséquence ni par ce qui la produit, ni par ce qu'elle produira ; ainsi je puis me la permettre. Mlle. de Briancourt m'a fait le teint un peu moins clair que je ne l'ai ; ce n'est pas pour l'honneur de mes charmes que je vous le dis, c'est pour celui de la vérité. Peut-être un peintre m'auroit-il plus flattée ; mais j'aime mieux avoir à faire aux femmes qu'aux hommes ; et, quant au talent, je pense avec Aristote, que

> Le donne son venute in eccellenza
> Di ciascun arte ove hanno posto cura.

Vous répondez le 2 octobre à une lettre du 25 août et à une autre du 15 septembre. Eh! mon Dieu! faut-il tant de temps pour que votre imagination se refroidisse sur mon compte? Écoutez-moi bien, mon illustre ami, l'envoi de mon portrait vaut quelque chose, et, par ce qu'il me coûtera, il vaut peut-être encore plus que je ne pense. Souffrez que j'y mette un prix : je vous demande en grâce de répondre à une de mes lettres, celle-ci ou une autre, à votre choix, au moment où vous la recevrez, votre réponse ne dût-elle partir que huit jours après. Les premiers momens d'une ame comme la vôtre doivent être délicieux à observer, sur-tout pour l'objet qui les excite. Ne me refusez pas cette faveur; je vous jure que c'est la dernière fois de ma vie que j'oserai en solliciter une semblable.

Je vous prie, mon inestimable ami, de me renvoyer mon portrait le plutôt qu'il vous sera possible, et de l'adresser à Mme. Prieur, parce que je ne veux pas que mes gens, qui ne peuvent pas ignorer que je me suis fait peindre, qui connoissent votre écriture et qui porteront cette boëte, voyent que vous me la renvoyez. Adieu, mon cher ami, promenez-vous beaucoup, puisque cela vous fait du bien : vous avez trouvé le secret de me faire goûter vos absences.

Ne me répondrez-vous jamais sur l'article d'Écosse. J'espère pourtant que vous ne confondez pas la curiosité qui naît de l'amitié, avec celle qui prend sa source dans l'indiscrétion ou la malignité, et que mes questions ne sauroient vous être à charge.

(*De Rousseau.*)

Le 16 octobre 1763.

Le voilà donc enfin, ce précieux portrait, si justement desiré ! Il m'arrive au moment où je suis entouré d'importuns et d'étrangers, et ce n'est pas la seule conformité qu'il me donne en cet instant avec St.-Preux. Vous permettrez bien, belle Marianne, que je prenne un peu de temps pour le considérer et lui rendre mes hommages. Pour moins abuser, cependant, de votre complaisance, et ne pas prolonger vos inquiétudes, je compte vous le renvoyer l'ordinaire prochain, c'est-à-dire, dans huit jours. En attendant, j'ai cru devoir vous donner avis de sa réception, afin de vous tranquilliser là-dessus.

(*Du même.*)

A Motiers, le 23 octobre 1763.

Voila votre portrait, chère Marianne ; je paie tout le plaisir qu'il m'a fait par la peine que j'éprouve à m'en détacher. Mais j'ai promis, et, comme St.-Preux, dussé-je en mourir, il faut mériter votre estime. J'avoue que celui de vos deux portraits qui ne peut me quitter, ne ressembloit pas exactement à l'autre, et tant mieux ; désormais pour moi vous êtes double ; j'ai le plaisir de vous aimer sous deux figures ; c'est comme avoir deux maîtresses à-la-fois, c'est passer délicieusement de l'une à l'autre, c'est goûter les plaisirs de l'inconstance, sans manquer de fidélité.

Il est affreux d'être obligé de finir au moment qu'on a tant à dire ; mais tel est mon sort. Je sens avec douleur qu'il est impossible que vous soyez jamais contente de moi. Vous jouissez de tout votre loisir, et je vous devrois tout le mien ; mais on ne m'en laisse aucun. Cependant, vous me jugez sur ce que je dois, et non sur ce que je puis ; en cela vous n'êtes pas injuste, mais vous êtes désolante. Adieu, chère Marianne, on ne me laisse pas écrire un mot de plus.

(*De Marianne.*)

Le 1er. novembre 1763.

Mon ami, je suis fort contente de votre exactitude à me renvoyer mon portrait, mais on ne peut pas moins de la lettre qui l'accompagnoit. Mon sang bouillonne, mon cœur se gonfle, je suffoque, quand je vous entends dire : *On ne me laisse pas écrire un mot de plus.* Eh ! qui peut arrêter votre plume, au moment où, de de votre aveu, vous avez tant de choses à dire ? Qui peut commander à votre volonté ? Qui peut vous assujétir à faire la sienne, vous qui voulez conserver votre liberté jusque dans vos attachemens ; vous qui portez l'indépendance dans l'amitié même, et qui n'aimez que pour le plaisir que vous y prenez ? Il est bien singulier que les habitans d'un pays où vous vous déplaisez si fort, aient pris un si grand ascendant sur vous. Ah ! si je pouvois être jalouse ! . . . . Et puis, croirai-je que d'un dimanche à l'autre, vous n'avez pas eu un instant à me donner, et que des importuns disposent malgré vous de vos loisirs ? malgré vous, qui savez si bien les éconduire, et qui avez eu la cruauté de vous rendre inaccessible à un homme aussi respectable par ses mœurs que par son âge, quoique vous sussiez bien que je l'aime, et qu'il se soit plusieurs fois présenté chez vous avec le plus grand desir de vous voir? A quoi faut-il s'en rapporter, mon ami : à ce que vous dites, ou à ce que vous faites? Ne pensez pas toutefois que M. Breguet, dont je veux parler, se soit plaint de vos refus ; il est aussi modeste qu'honnête, et ne nous en a instruites que dans la nécessité de répondre à nos questions. D'ailleurs, j'avoue que vous ne pouviez guères me faire entendre plus galamment que l'idée que vous vous étiez faite de moi vous plaisoit plus que mon portrait. Mais comment Jean-Jacques Rousseau, cet homme dont le caractère est si droit et l'ame si élevée, cet homme que je ne puis envisager que sous l'auguste qualité d'ami, a-t-il pu s'abaisser jusqu'à la galanterie? Ne valoit-il pas mieux qu'il me dit : *Votre figure n'est pas jolie, mais elle me plaît ;* ou, *votre figure est jolie, mais elle ne plaît pas ;* ou enfin, *votre figure n'est pas jolie et elle ne me plaît pas ; mais ai-je besoin d'elle pour vous aimer ?* Une de ces choses existe certainement : il falloit la dire. La galanterie remplace-t-elle le sentiment, mon cher ami ? Et, si je n'obtiens pas de vous ce que le sentiment produit, croyez-vous que j'en veuille accepter autre chose? Votre cœur s'est fermé au moment où j'en attendois davantage. Tout vous éloigne de moi; vous voulez que je n'exige rien, et vous me refusez ce que je vous demande à titre de grâce, précisément pour vous livrer à ce que les autres exigent de vous. Ce n'est donc que de moi que vous ne voulez pas dépendre ? Si ce goût d'indépendance étoit général, je ne m'aviserois pas de trouver mauvais que vous ne m'exceptassiez pas ; mais comment croyez-vous que mon attachement pour vous doive prendre l'exception contraire? Je vous avois tant prié d'abandonner une seule fois votre plume à votre cœur ; j'attachois un si grand prix à cette faveur, que si l'ingratitude n'étoit pas un vice, je ne pourrois me défendre d'en trouver dans votre refus. Encore une fois, mon ami, que ne me détailliez-vous les différences qu'il y avoit entre celui de mes portraits qui ne peut vous quitter et l'autre, et les impressions que ce dernier vous avoit faites? Quelque désobligeantes qu'elles fussent, elles l'étoient moins que votre silence à cet égard.

Mais pour cela il auroit fallu que vous écrivissiez davantage, et de plus heureux que moi ne le vouloient pas........ Au reste, vous pouvez bien dire tout le mal que vous voudrez de mon portrait; voici ce que mon amie m'en écrit:
« J'ai montré ton portrait à quatre personnes.
» Aucune ne t'a reconnue de prime-abord, et
» toutes n'ont trouvé, après l'examen, que le
» front, les sourcils et les yeux qui pussent te
» ressembler; encore se sont-elles accordées à
» dire qu'ils n'ont point cet air ouvert et brillant qui fait le charme de ta physionomie.
» Ton nez, un peu courbé par le bout, qui par
» un certain tour de narines donne de la finesse
» au jeu de tes traits, est dans ton portrait trop
» droit et trop serré. Ta lèvre inférieure est
» trop façonnée, et sa bordure ne s'étendant
» pas assez des côtés, ne rend point les grâces
» de ton sourire. Enfin, le menton, trop saillant, n'éloigne pas moins l'idée de ta ressemblance, que les autres différences que je
» viens de remarquer; mais, comme elles ne
» sont sensibles qu'à ceux qui te connoissent,
» ma chère amie, elles n'empêchent pas que
» l'ensemble de ton portrait ne présente une
» image très-agréable; et je ne vois pas comme

» toi, dans la lettre de ton illustre ami, que
» l'impression qu'il en a reçu ne soit pas telle.
» Cet admirable homme goûte le plaisir de
» t'aimer sous deux figures ; je lui en promets
» une troisième, si jamais le sort vous ras-
» semble, et ce sera certainement sous cette
» dernière qu'il t'aimera davantage, car tu es
» un original dont l'art ne sauroit faire de co-
» pies, sans nuire aux grâces ingénues qui em-
» bellissent ta figure, etc. etc. »

Pour moi, mon ami, je vous déclare que cette critique me paroît trop sévère, et que je ne trouve pas que mon portrait me dérobe autant d'agrémens que le prétend mon amie. Mais mon ame et mon amitié pour elle me parent tant à ses yeux, que son erreur lui fait encore plus d'honneur qu'à moi! Revenons à vous. Votre laconisme me désole, mon ami ; je ne puis me refuser la triste consolation de vous le répéter. Il me désole d'autant plus que ce que vous ne me dites pas, dément le peu que vous me dites. Assurément, lorsque s'entretenir affectueusement avec son amie, est la seule preuve qu'on puisse lui donner qu'on l'aime, négliger de la lui donner, c'est prouver qu'on ne l'aime pas. Ne pensez pas, mon ami, que mes sentimens pour vous s'en affoiblissent : ils ne dépendent point de ceux que vous avez pour moi : leur pureté les soutient, vos vertus les nourrissent ; et il y a grande apparence que je serai la dernière à vous aimer, comme j'ai été la première. Aussi, bien que vous ne preniez aucun soin pour me satisfaire, je n'en aurai pas moins de plaisir à vous rapporter une anecdote qui sûrement vous en procurera ; la voici : Il y a quelque temps, deux Anglais de distinction engagèrent M. le chevalier de Méhégan à les accompagner à Montmorenci, pour leur faire voir la maison que vous y avez occupée (Ces Anglais, comme Anglais, n'alloient pas voir la maison de leur ami). La partie fut exécutée le dimanche, 25 septembre; à peine ces messieurs étoient-ils arrivés sur la place, que quelques-uns des habitans reconnoissant M. de Méhégan pour l'avoir vu aller chez vous, en appelèrent d'autres ; et il fut entouré de tous ces bons paysans qui s'assemblèrent tumultueusement pour demander de vos nouvelles. Eh ! Monsieur, comment se porte votre ami ? disoit l'un ; nous sommes bien malheureux qu'on nous l'ait enlevé : il étoit si charitable ! c'étoit notre père à tous. Il nous donnoit du vin quand nous en avions besoin, disoit l'autre; il n'y avoit sorte de bien qu'il ne nous fît : nous ne l'oublierons jamais. Un autre ajoutoit : c'étoit notre protecteur auprès de monseigneur le Maréchal; nous avons tout perdu en le perdant : nous le regretterons jusqu'à notre dernier soupir. Et ces bonnes gens de s'attendrir jusqu'à pleurer; et M. de Méhégan, et les Anglais eux-mêmes de ne pouvoir tenir à ce touchant spectacle, et de pleurer aussi. A la vérité, l'attendrissement de ces Messieurs fut suspendu par une chose à quoi ils ne s'attendoient pas ; et qui vous surprendra comme eux : c'est la raison que ces honnêtes villageois leur donnèrent de votre absence. Il ne faut pas s'étonner si on l'a traité comme ça, ce bon monsieur Rousseau, dirent-ils à M. de Méhégan, c'est qu'il *prédisoit l'avenir.* Tout cela n'a pas besoin de commentaire, et vaut bien la statue dont il est parlé dans votre lettre à Monsieur l'archevêque, mon ami. Ce n'est pas tout : arrivé à l'auberge, M. Méhégan parla à l'aubergiste de ce qui venoit de lui arriver : cet homme lui répondit qu'il en arrivoit autant à tous ceux qui étoient reconnus pour être de votre connoissance ; que l'amour et la vénération que tous les habitans vous portoient, ne pouvoient pas s'imaginer, et que, si vous aviez été d'humeur à profiter de leur bonne volonté, il n'y en avoit pas un seul, qui ne se fut fait hacher pour vous : et je ne vous aimerois pas! et mon attachement se rebuteroit de la langueur du vôtre! Ah! traitez-moi comme vous voudrez : ce n'est pas vis-à-vis de moi que je vous observe, c'est vis-à-vis de l'univers.

Je tiens cette anecdote de M. de Méhégan, lui-même : il m'a dit qu'il seroit enchanté qu'elle vous parvînt, et qu'il ne doutoit pas que vous n'y fussiez sensible. Je me suis bien promis intérieurement de la faire passer jusqu'à vous. Puisse-t-elle, ô mon inestimable ami! porter dans votre cœur, une émotion aussi délicieuse que celle qu'elle a excitée dans le mien, et puissiez-vous vivre autant que les regrets que vous avez laissés par-tout où vous vous êtes fait connoître!

(*De Rousseau.*)

A Motiers, le 25 décembre 1763.

Je ne répondrai, Madame, aux imputations dont vous me chargez par votre dernière lettre que par des faits. Lorsque je reçus votre portrait, j'avois chez moi un Génevois venu exprès pour me voir, et je n'avois pas cessé d'avoir des étrangers depuis plus de six semaines ; deux jours après j'eus un gentilhomme westphalien et un Génois ; six jours après, j'eus deux Zuriquois qui me restèrent huit jours ; quelques jours après j'eus un Génevois convalescent, qui, étant venu chez moi changer d'air, y retomba malade, et n'est enfin reparti que depuis huit jours. Il n'est pas toujours aisé de fermer sa porte aux visites qui vous viennent de cinquante, soixante et cent lieues, et dans mon étroite situation, je me passerois fort de l'honneur que me font tant de gens de venir s'établir chez moi. Outre cela, j'ai continuellement un grand nombre de lettres à répondre ; je ne réponds point à celles de compliment ou d'injures ; et je prends mon temps pour répondre aux lettres d'amitié; mais il y en a un très-grand nombre d'autres où l'on daigne me consulter sur des objets importans et pressés pour ceux qui m'écrivent, et dont je ne puis différer les réponses sans manquer à mon devoir ; ces temps derniers, en particulier, j'étois occupé à un mémoire pour M. le prince de Wirtemberg qui m'avoit consulté sur l'éducation de sa fille; et je suis maintenant occupé à un travail encore plus grave pour quelqu'un qui en a besoin, et qui par conséquent est en droit de l'exiger. Mon triste état qui empire toujours en cette saison, me réduit journellement à porter une sonde plusieurs heures, durant lesquelles toute occupation m'est impossible; il faut ensuite que je fasse un exercice d'une heure ou deux pour me faire suer ; et, quand je passe un seul jour sans employer ce remède, je paie cruellement cette négligence durant la nuit ; au milieu de tout cela, un homme qui n'a pas un sol de rente, ne vit pas de l'air, et il faut quelques soins aussi pour pourvoir au pain. Mais je ris de ma simplicité de prétendre faire entendre raison sur une situation si différente à une femme de Paris, oisive par état, et qui n'ayant pour toute occupation que d'écrire et recevoir des lettres, entend que tous ses amis ne soient occupés non plus que du même objet.

Pour échapper à l'affluence des importuns, et pour me livrer à l'exercice qui m'est nécessaire, je fais l'été dans mes bons intervalles des courses dans le pays; dans une de ces absences M. Breguet vint me voir à Motiers, tandis que j'étois à Yverdun : me voilà coupable encore pour n'avoir pas deviné son voyage et n'avoir pas en conséquence rompu le mien.

Vous êtes, Madame, une femme très-aimable; je ne connois personne qui écrive des lettres mieux que vous. Je vous crois le cœur aussi bon que vous avez l'esprit agréable, et votre amitié m'est très-précieuse ; mais dans l'état où je suis, ma tranquillité me l'est encore plus ; et puisque je ne puis entretenir avec vous qu'une correspondance orageuse, j'aime encore mieux n'en avoir plus du tout. Au reste, je vous déclare que c'est ici ma dernière apologie, et je vous préviens qu'il suffira désormais que vous exigiez une prompte réponse, pour être sûre de n'en point recevoir du tout.

(*De Marianne.*)

Le 30 janvier 1764.

Lorsque j'ai reçu votre lettre datée du 25 décembre, il y avoit déja quatorze jours que j'étois au lit, ayant une grosse fièvre, un catharre considérable, des vomissemens continuels, et des quintes de toux si violentes que j'en étois devenue sourde. Je vous laisse à penser quelle impression elle m'a faite, et quel adoucissement c'est à des douleurs cuisantes, que la froideur d'un ami. Hélas! je m'applaudissois en secret d'avoir, selon vos principes, refusé constamment de voir aucun médecin; et je ne pensois guères, quoique je l'eusse déja éprouvé, qu'il vous fût aussi aisé de m'affliger d'où vous êtes, que de me conduire. Quoi qu'il en soit du mal que vous pouviez me faire, de celui que vous m'avez fait, et de celui que j'ai encore, jamais vous ne m'avez aussi injustement montré tant d'humeur. Vous me paroissez excédé de mes importunités; et cela, lorsqu'après avoir supporté votre silence pendant près de deux mois, sans vous en demander compte (témérité qui n'eût pu me réussir plus mal que ma discrétion) je respecte vos occupations ou vos loisirs, jusqu'à ne pas permettre que mes inquiétudes aillent jusqu'à vous; je fais écrire à Motiers pour savoir de vos nouvelles; et, apprenant par cette voie, qu'il ne s'est joint aucun accident à vos incommodités ordinaires, je prends le parti d'attendre sans murmurer qu'il vous plaise de me répondre. Voilà pourtant cette femme à qui le projet de faire entendre raison vous paroît risible! Mais, quand il seroit vrai que ce projet eût des difficultés, si vous aviez pour moi la centième partie de l'amitié que vous m'avez promise, elles vous auroient fait gémir, et non pas *rire*. Je ne m'attendois pas à tant d'humiliation, je l'avoue. Toutefois le dédain dont vous cherchez à m'accabler, n'engourdit point en moi le sentiment modeste de ma propre valeur. J'ose croire qu'on n'est point *oisive*, quand on travaille au bonheur des autres ; et je trouve le dédommagement de votre offensante épithète, dans la reconnoissance de quelques infortunés qui reçoivent de moi, soit en secours effectifs, soit en soins pénibles, soit en démarches coûteuses, ce que toute l'importance des gens affairés ne leur procureroit pas. Au surplus, vos inégalités vis-à-vis de moi, ne tirent à aucune conséquence pour l'opinion que j'ai conçue de vous : je les regarde comme ces atômes que l'air promène sur les surfaces les mieux polies, et qui ternissent leur éclat sans nuire à leur solidité. Peut-être méritois-je plus de bienveillance de votre part; mais le sort de mon attachement pour vous ne me surprend pas : c'est celui de tous les sentimens honnêtes; le vice seul a des succès. Je ne puis cependant vous cacher, qu'avec plus de vanité que je n'en ai, je supposerois à votre dernier caprice, un principe bien propre à la flatter.

D'après la menace que vous m'en faites, je m'attends bien que vous ne m'écrirez plus, et j'y souscris. Jamais mon consentement ne manquera à ce qui pourra vous satisfaire. Je renonce à tout ce que je tenois, et à tout ce que je pouvois espérer de vous, hormis au titre de votre amie, que vous ne pouvez m'ôter, même en devenant mon ennemi.

Je n'imaginois pas être, sans y songer, pressante jusqu'à l'importunité. C'est un malheur pour moi, sur-tout par ses suites; et, comme tout malheur est un tort, j'expierai celui-ci en me privant de vous écrire. Vous êtes trop célèbre pour que votre destinée m'échappe; d'ailleurs, vous ne pourrez blâmer des démarches qui, bien que vous en soyez l'objet, ne parviendront pas jusqu'à vous : ainsi rien ne m'empêchera d'en faire. Soyez du moins bien persuadé que c'est par maladresse, et non pas à dessein, que je vous ai paru si exigeante. Adieu, Monsieur, je vous demande pardon si je me suis éloignée de la modération qui convient à une personne que, par rapport à vous, vous replongez dans le néant. Quand on a la tête foible et le cœur sensible, quelques écarts semblent être permis.

(*De Rousseau.*)

5 février 1764.

Je suis fort en peine de vous, Madame. Quoique je n'aime pas à me savoir dans votre disgrâce, j'aime encore mieux regarder votre silence comme une punition que vous m'imposez, que comme un signe que vous êtes malade. Un mot, je vous supplie, sur la cause de ce silence, afin que si c'est le malheur de vous déplaire, je m'en afflige ; mais que je ne porte pas à-la-fois deux maux pour un.

Je reçois à l'instant votre lettre du 30 janvier ; j'y vois que mes pressentimens n'étoient que trop justes. J'espère que vous êtes bien rétablie ; toutefois votre lettre ne me rassure pas assez. Un mot sur votre état présent, je vous supplie. Je n'en puis dire aujourd'hui davantage ; le paquet de France ne m'arrive qu'au moment où je dois fermer le mien.

(*De Marianne.*)

Le 9 février 1764.

L'intérêt que vous semblez prendre à moi, si je pouvois m'y livrer avec confiance, seroit bien capable d'accélérer le retour de ma santé, Monsieur; mais il m'a tant de fois et si cruellement trompée, que la satisfaction d'apprendre que vous vous portez bien, est la seule que votre lettre me procure.

Mon catharre me tourmente toujours, mais les accidens inquiétans sont cessés. Je vous prie d'autant plus instamment de ne pas vous alarmer de mon état, qu'il est affreux de causer de la peine à une personne à qui on ne peut jamais se flatter de faire aucun plaisir.

(*De Rousseau.*)

A Motiers, le 10 mars 1764.

Quelque mécontente que vous soyez de moi, chère Marianne, vous ne sauriez l'être plus que je le suis moi-même. Mais des regrets stériles ne me rendront pas meilleur; mes plis sont pris, et je sens avec douleur qu'à mon âge et dans mon état, on ne se corrige plus de rien. J'aurois desiré, tel que je suis, que vous ne m'eussiez pas tout-à-fait abandonné. Cependant, si vous ne me jugez plus digne de vos lettres ni de votre souvenir, j'en aurai de la douleur, mais je n'en murmurerai pas. Quant à moi, je ne vous oublierai de ma vie; et, dussiez-vous ne plus me répondre, je vous écrirai toujours quelquefois, mais sans gêne et sans règle, car je n'en puis mettre à rien.

(*De Marianne.*)

Le 16 mars 1764.

Vous m'écrirez *toujours*, dussé-je ne vous *plus répondre*. Ah ! mon illustre ami, vous ne m'en soupçonnez pas ; vous connoissez trop votre ascendant sur les cœurs honnêtes ; vous êtes trop sûr que quiconque n'est pas éloigné de vous par l'austérité de votre morale et par la froideur de vos procédés, ne peut l'être par rien. Enfin, vous savez trop que la seule crainte de faire dégénérer en haine une amitié déjà changée en indifférence, a ralenti en moi un empressement dont vous vous êtes plaint trop souvent. Mon ami, je ne suis point mécontente de vous, je ne le suis que de ma raison ; mais, si vous l'êtes vous-même, est-il bien vrai que vous ne puissiez pas mieux faire ? Est-il bien vrai qu'on ne puisse avoir le courage nécessaire pour envisager ses défauts, et manquer de la force qu'il faudroit pour s'en corriger ? Y a-t-il des âges et des situations où l'avancement dans le chemin de la perfection soit impossible ? Que devient donc cette liberté essentielle au mérite de nos actions? Et, s'il est des *plis* que nous ne puissions redresser, et des penchans que nous ne puissions vaincre, quel compte nos proches, la société et Dieu même peuvent-ils nous demander? Vous avez, à cet égard, plus de facultés qu'un autre et moins d'occasions de les employer. Ce ne sont donc pas vos *regrets* qui sont stériles, c'est votre ame; elle ne se tait pas par paresse de parler, mais parce qu'elle n'a plus rien à dire, parce qu'elle ne produit plus rien pour moi : voilà la cause de la rareté et du laconisme de vos lettres. Si vous m'écriviez en conséquence du pouvoir que l'âge donne aux habitudes, vous m'écririez bien plus souvent, et sur-tout bien plus affectueusement; car, dans l'origine de notre correspondance, vous y mettiez en tout sens bien plus d'activité. Je vous le répète, mon excellent ami, votre ame ne produit rien pour moi. Il y a donc déjà une des sources de mon bonheur de tarie!........C'est une triste vérité, mais dont il est cependant important que je m'occupe, afin de rectifier des idées auxquelles mes desirs avoient donné trop d'extension, et qui m'ont attiré bien du chagrin. Je l'avoue, je m'étois promis de notre commerce bien plus de douceurs qu'il ne m'en a procuré. Une erreur agréable se nourrit de peu ; d'ailleurs, vous avez contribué à entretenir celle-ci, en me disant que vous saviez parler le langage de l'amitié et de la confiance. Me dire cela, c'étoit me promettre de l'employer avec moi, mon cher ami. Mais malgré tout ce que j'ai été forcée de rabattre d'une si flatteuse espérance, vos lettres, telles qu'elles sont, me font un plaisir que vous seul pourriez augmenter ; elles me sont si chères, que, de peur de tout perdre, je n'insisterai jamais sur leur nombre, sur leur étendue, sur leur caractère, quoique je desirasse passionnément de vous voir entrer dans quelques détails sur votre santé, vos occupations, votre genre de vie, vos peines, vos plaisirs, en un mot sur tout ce qui vous regarde, non pas à titre de justification, à Dieu ne plaise que je vous en demande jamais ! mais à titre de preuve de confiance : je crois que vous ne me devez rien. Après cette profession de foi, rien de ce qui vient de moi ne doit prendre à vos yeux les odieuses couleurs de l'exigeance. Sans rien exiger, sans me plaindre de rien, n'est-il pas naturel que je souhaite que vous vous livriez, vis-à-vis de moi, à ces touchantes effusions de cœur pour qui le mien semble être

fait, et qui doivent être nécessaires au vôtre?
O mon ami! qui n'a pas besoin de bonheur?...
Je ne veux pas vous quitter sans vous remercier
spécialement de votre lettre ; elle m'a pénétrée
de reconnoissance. Vous vous y servez des
termes de *douleur*, d'*abandon*, de *regrets*,
d'*éternel souvenir*. Ah! mon ami, quels termes
pour le sentiment qu'ils expriment!

Je ne puis vous dire ce que j'ai, cependant je
ne me porte pas bien, et mon ame est plus malade encore ; il m'échappe des pleurs involontaires, mes songes sont effrayans, mon réveil
douloureux, mes réflexions affligeantes. Adieu.

Du 19.

Je rouvre ma lettre pour vous dire, mon
digne ami, que l'état languissant où je me trouve
doit être attribué à des chagrins domestiques.
Les ames sensibles comme la vôtre courent de
trop grands risques, pour qu'on doive rien risquer vis-à-vis d'elles.

(*De la même.*)

Le 31 mars 1764.

Que cette lettre ne vous courrouce point, mon ami; ce n'est pas un acte d'autorité, c'en est un d'indépendance. Puisque vous ne m'écrivez que quand vous le voulez, pourquoi ne vous écrirois-je pas quand je le veux ? Voyons, par la comparaison de nos avantages, si ce seroit commettre un attentat que prétendre établir dans notre commerce une parfaite égalité : ceux que la société défère à mon sexe serviront, tant bien que mal, de compensation à ceux que la nature donne au vôtre, et il n'en sera plus parlé ! Vous avez le plus beau génie du siècle; moi, j'ai le meilleur cœur du monde ; votre façon de voir est sûre, ma façon de sentir ne me trompe point; votre bienfaisance, inépuisable en ressources, peut tout le bien qu'elle veut; la mienne, inépuisable en desirs, veut tout le bien qu'elle peut. Vous jouissez de la célébrité la mieux méritée; mon mérite à moi, c'est de n'avoir point de célébrité, et je n'en ai aucune; vous êtes digne qu'on vous élève des statues; moi, je suis digne de vous en élever;

vous devriez gouverner l'univers, en fixant les opinions depuis si long-temps incertaines; moi, je devrois avoir le bonheur de faire la félicité d'un honnête homme; l'étendue de votre savoir embrasse tous les objets qu'il est important de connoître; moi, je sais vous apprécier; le bandeau de la fortune semble s'être épaissi quand elle a fait votre part des biens et des maux qu'elle dispense; moi, j'ai possédé quelques-unes de ses faveurs sans aveuglement, et je les ai perdues sans regret; vous êtes le plus sensible des hommes; moi, sans être peut-être la plus sensible des femmes, je suis plus sensible que vous; vous avez reçu mes hommages sans dédain; je vous les ai offerts sans orgueil; c'est vous que vous aimez en moi; moi, je n'aime en vous que vous-même, et nous avons raison tous deux. A la vérité, vous êtes mon aîné; mais les femmes ne vivant que dans leurs attraits, un homme de cinquante ans et une femme de trente, doivent être réputés du même âge. Il me semble, mon illustre ami, qu'en nous plaçant dans les différens points de vue qui nous conviennent, nous avons un droit égal à l'estime des honnêtes gens; et, comme je ne compte que celui-là, je prétends obtenir de vous des privilèges équivalens à ceux que je vous accorde. Ainsi, je vous écris quand il me plaît, sans déterminer l'instant où vous devez me répondre. Toutefois, mon cher ami, le motif que je viens de vous exposer n'est pas le seul qui m'engage à vous écrire : j'ai une grâce à vous demander, et une question à vous faire. Vous vous souviendrez peut-être d'avoir envoyé à Paris, il y a déjà long-temps, une note de vos écrits imprimés. Cette note étoit pour moi, et me fut aussitôt remise. Depuis qu'elle est entre mes mains, j'ai fait tout ce qui m'a été possible pour me les procurer tous, et cela inutilement. Je n'ai, à ma fantaisie, qu'*Emile* que je tiens de vous, *in-8°*., et un autre *in-12* pour ménager celui-là qui seroit déjà usé ; la *Nouvelle Héloïse*, que j'ai double aussi ; le *Contrat-Social*, et la *lettre à M. de Beaumont*, que j'ai fait venir d'Angleterre ; la *lettre sur les Spectacles*, et le *Discours sur l'inégalité*, l'un et l'autre *in-8°*., et d'une impression superbe. J'ai bien encore, si vous voulez, le *Discours qui a remporté le prix à l'académie de Dijon ;* les *Observations sur la réponse qui y a été faite;* la *Lettre à M. Grimm ;* la *Replique à M. le Cat ;* la *Réponse à M. Bordes ;* la *Lettre sur la mu-*

sique française ; la *Dissertation sur la musique moderne ;* le *Discours sur l'Economie Politique.* Mais tout cela *in*-12, format que je n'aime point, imprimé comme un arrêt du parlement, et, qui pis est, mêlé avec les révoltantes réponses qu'on a faites à quelques-uns de ces morceaux. La grâce que je vous demande, mon ami, c'est de m'indiquer les moyens d'avoir, à quelque prix que ce soit, ces huit dernières pièces *in*-8°., et de la plus belle impression. Il faut encore qu'elles soient en brochures, afin que je puisse les faire relier comme les six premières, sans que les marges en souffrent. Si quelqu'un sait où sont ces ouvrages, assurément c'est vous : il est même possible que vous en ayiez de doubles exemplaires, et que vous veulliez bien me les céder. Mais, pourvu que je les aie, n'importe d'où, je n'épargnerai ni les frais, ni la peine. Adieu, mon inestimable ami ; je remets ma question à une autrefois, car cette lettre est déjà énorme ; et, je ne vous ai pas encore dit positivement que, personne, quelque bien traité qu'il soit de vous, ne vous est aussi entièrement dévoué que cette pauvre *Marianne*, qui désespéroit de voir reparoître son nom dans vos lettres.

(*De Rousseau.*)

A Motiers, le 28 avril 1764.

TANT que ma situation ne changera pas, j'aurai, chère Marianne, avec le chagrin de ne pouvoir vous écrire que des lettres rares et courtes, celui de sentir que vous imputez toujours en vous-même mon malheur à mauvaise volonté ; car je sais qu'il n'est pas dans le cœur humain de se mettre à la place des autres dans les choses qu'on exige d'eux. Au reste, un article de vos lettres, auquel je ne répondrois pas, quand j'aurois le temps et la santé qui me manquent, est celui des louanges. Le silence est la seule bonne réponse que je sache faire à cet article-là.

Les pièces de mes écrits que vous avez in-12, et que vous demandez in-8°., ont, pour la plupart, été imprimées, dans ce dernier format, chez Pissot, quai de Conti, à la descente du Pont-Neuf ; le *Discours sur l'Economie Politique* a aussi été imprimé in-8°. à Genève, chez Duvillard. Je n'ai aucune de ces pièces détachées de l'unique exemplaire que je me suis réservé de mes écrits, et je n'ai plus aucune relation avec les libraires qui les ont imprimées. Cependant, ne vous mettez pas en quête de ces pièces de six semaines d'ici; car j'espère, avant ce terme, pouvoir vous les procurer toutes d'une bonne édition, et cela sans embarras. Voilà, chère Marianne, ce que j'ai, quant à présent, à vous répondre sur les éclaircissemens que vous m'avez demandés. J'attends maintenant la question que vous avez à me faire; j'espère qu'elle n'a nul trait à mon sincère attachement pour vous; car, quelque mécontente que vous soyez de ma correspondance, je ne vous pardonnerois pas de rien mettre en doute qui pût se rapporter à cet objet-là.

Jean-Jacques Rousseau à M. Guy.

A Motiers, le 6 mai 1764.

Puisque vous voulez bien que je dispose de quelques exemplaires du Recueil que vous venez de faire imprimer, je vous prie de vouloir bien en faire porter un in-8º. broché, chez M*me*. de L. T., *rue Richelieu, entre la rue Neuve-St.-Augustin et les écuries de* M*me*. *la duchesse d'Orléans*; et, si elle veut le payer, de défendre à celui qui le portera, de recevoir l'argent.

(*De Marianne.*)

Le 6 mai 1764.

Je n'ai aucune peine à me mettre à votre place dans les choses que j'exige de vous, mon excellent ami, car je n'en exige rien. J'avoue qu'autrefois mon cœur avoit séduit ma raison sur ce chapître; mais, depuis que vous m'avez persuadé que la portion de bonheur que votre exactitude pourroit me procurer, seroit prise sur la vôtre, mes idées ont totalement changé de cours. Cela est si vrai, que votre silence est quelquefois un point sur lequel mon imagination se repose, et que je me console de ce que vous ne m'écrivez pas, en pensant que vous n'avez pas eu l'embarras de m'écrire. Ne me dites donc jamais que je *suis mécontente* de vous : cette opinion doit vous être pénible, et en vérité, je suis bien plus contente de ce que vous faites pour moi, que mécontente de ce que vous ne faites pas. Mon cher Jean-Jacques.... pourquoi hésiterois-je à vous donner ce nom ? Il est bien plus flatteur que celui de *Marianne*, qui me flatte tant de votre part. Je suis sensible au-delà de toute expression à l'espérance que vous me donnez d'avoir dans peu ce que j'estime le plus, vos ouvrages ; mais je ne puis m'empêcher de vous dire que la façon mystérieuse dont vous me les promettez, me cause de l'inquiétude. Vous n'avez qu'un exemplaire de chacun, vous n'avez aucune relation avec les libraires qui les ont imprimés, à qui, d'ailleurs, il n'en reste plus, ce que je sais, du moins pour *Pissot*. Comment vous y prendrez-vous pour me les procurer ? Et se peut-il qu'à cet égard vous m'épargnez de l'embarras, sans en avoir beaucoup vous-même ? Cette réflexion diminue le gré que je me savois de m'être adressée à vous ; et, s'il m'étoit possible de me détacher d'une espérance aussi chère, je vous prierois de ne vous donner aucun mouvement pour la remplir ; mais ne me sentant pas capable de cet effort, je vous prie, de quelque moyen que vous vous serviez pour me faire tenir ces inestimables écrits, de vouloir bien les adresser à M. du Terreaux ; il pourroit se trouver quelqu'un chez moi lorsqu'ils arriveroient : tout le monde se permet des questions indiscrètes, et je n'ai pas la moindre ressource dans l'esprit, quand il s'agit de donner le change sur quelque chose que ce soit. A propos de questions, voici le lieu de placer la mienne ; elle n'a aucun rapport à votre attachement pour moi, c'est un article sur lequel je me garderai bien d'en faire, et cela parce que j'en ai fait. Si celle que je vais hasarder vous déplaît, si vous n'y voulez pas répondre, de grâce, mon cher ami, ne me maltraitez pas; votre ton dur est bien plus dur pour moi que celui des autres : je crois que cette phrase n'a pas besoin de commentaire. Venons au fait. Je voudrois savoir pourquoi vous faites dire à Julie, après son mariage, que si elle étoit libre et la maîtresse de disposer d'elle, ce seroit M. de Volmar qu'elle épouseroit, et non pas Saint-Preux. Il me semble que cela ne cadre point avec cette passion impérieuse, que ni l'empire de la nécessité, ni l'autorité du devoir n'ont pu déraciner, et qu'elle a emportée au tombeau dans sa première vivacité. Si c'est un enthousiasme de vertu qui l'a entraînée trop loin, comment n'a-t-elle pas détruit ce qu'elle avoit avancé, lorsque son imagination calmée a laissé parler son cœur? Si elle a tenu ce cruel discours à St.-Preux, contre le témoignage de sa conscience, à dessein d'en imposer à la passion de ce malheureux amant, ou dans l'intention de lui donner du bonheur dont elle jouissoit, une opinion capable de le soutenir contre les maux dont il étoit accablé, croyez-vous qu'il soit des cas, hors celui de garder le secret de son ami, où l'intérêt de la vérité puisse être légitimement sacrifié à un autre? Enfin, si ce que cette adorable femme a dit étoit vrai, comment cela pouvoit-il l'être? C'est sur ce point, mon illustre ami, que je voulois tenter votre complaisance. Si elle ne va pas jusqu'à me le rendre clair, je peserai mes droits, et je dirai que vous avez raison; dans la supposition contraire, je ne raisonnerai point, mais je sentirai.

Je vois avec bien de la satisfaction que le temps se dispose à favoriser vos promenades : j'en espère beaucoup pour votre santé. Il a été si affreux ici tout le temps passé, que Mme. de Pompadour en a dû avoir moins de peine à quitter la vie. Elle a prouvé, dans ses derniers momens, que son ame étoit un composé de force et de foiblesse, mélange qui, dans une femme, ne me surprendra jamais. Je ne suis pas surprise non plus de la voir aussi généralement regrettée qu'elle a été généralement méprisée ou haïe. Les Français sont les premiers hommes du monde pour tout : il est tout simple qu'ils le soient pour l'inconséquence.

Adieu, mon cher Jean-Jacques : puis-je penser que la longueur de mes lettres ne vous fatigue jamais? J'aurois bien du plaisir à vous écrire.

(*De la même.*)

Le 7 juin 1764.

De quoi dépendent nos idées? Qui facilite leur cours ou l'arrête? Mon cœur est tout plein, et mon esprit est vide. Les expressions m'échappent; les tournures me manquent; mon imagination est d'une stérilité affreuse. Je ne sais comment vous dire que je vous aurois écrit dès les premiers jours de la mort du maréchal de Luxembourg, si je n'avois craint de vous apprendre cette mauvaise nouvelle. Je savois bien que vous ne pouviez éviter ce coup; mais mon ame l'avoit trop senti pour que ma main pût vous le porter. Cependant, je devois vous dire combien ma meilleure amie, celle qui vous ressemble, et moi, nous étions, à ce sujet, tendrement occupées de vous, mon cher Jean-Jacques. Je ne pouvois plus me flatter que vous ignorassiez ce cruel évènement, et j'étois déterminée à vous assurer de toute la part que j'y avois prise, lorsqu'une nouvelle marque de votre bienveillance a rendu cette triste obligation encore plus pressante. J'ai reçu avant-hier au soir par la petite poste un paquet contresigné *Duchesne*, qui contenoit une lettre de vous imprimée. Jugez avec quel plaisir j'ai reconnu mon ami, autant à son attention qu'à son style! Mon ame s'est émue, mon cœur s'est gonflé, mes yeux se sont mouillés, et j'ai soupiré de ne pouvoir pas prendre l'univers à témoin d'une distinction si flatteuse. Je l'ai dévorée, cette lettre, et j'ai vu avec bien de la satisfaction que j'avois donné pour prouver que celle qu'on vous attribuoit n'étoit pas de vous, à l'exception du *vous* à Dieu *et du très-humble serviteur*, toutes les raisons que vous donnez vous-même. O mon illustre ami! quand on écrit si bien, qu'il doit être contrariant d'être si mal lu! Mais l'intérêt que je prends à vous, ne m'offrira-t-il jamais à partager que des peines? Ne vous saurai-je jamais heureux? Après le pouvoir de vous rendre heureux, ce que je desire le plus, c'est d'apprendre que vous l'êtes. Adieu, mon cher Jean-Jacques.

(*De la même.*)

Le 22 juillet 1764.

Mon ami, je eu le plaisir de parler de vous ; je veux y ajouter celui de vous le dire. M. Breguet est dans ce pays-ci ; il est venu chez moi le jour même de son arrivée. J'ai été enchantée de le voir : la candeur de son ame, la simplicité de ses mœurs, l'étendue de sa considération pour vous, et la constance de ses bontés pour moi, me le rendent infiniment cher et recommandable. Vous imaginez bien avec quel empressement je lui ai demandé de vos nouvelles, et de quelle foule de questions je l'ai accablé sur le compte d'un homme que j'aime tant sans l'avoir jamais vu. Il a répondu à tout avec un air d'intérêt, dont j'ai été aussi contente que de ses réponses mêmes. Je ne vous parlerai point du chagrin que j'ai eu de ce qu'il ne m'apportoit rien de votre part. Il m'a dit qu'il avoit passé une fois par occasion et deux fois exprès chez vous, pour prendre vos commissions, et que vous vous étiez toujours trouvé absent. Cela m'a consolée ; car enfin, il faut que vous vous portiez au moins passablement, pour vous prêter aux desirs de vos amis, et vous savez quel empire votre satisfaction a sur mes peines.

Mon respectable papa m'a donné un instant de plaisir dont il faut que je vous rende compte, quoi que vous en puissiez penser, mon cher Jean-Jacques. Je lui ai fait remarquer votre portrait comme une chose dont je fais beaucoup de cas, bien que je ne le tienne pas de vous; et, pour savoir si je ne le prisois point trop, je lui ai demandé s'il vous ressembloit beaucoup. *Oh! non, ma chère fille, M. Rousseau est bien mieux que ce portrait-là*, m'a-t-il répondu; *il a bien plus de physionomie; et vous avez cela de commun avec lui; car le vôtre, que je viens de voir dans les mains de ma fille aînée*, Mme. Prieur, *vous ressemble très-peu, et n'est assurément pas flatté*. Et papa n'est assurément pas flatteur, mon ami. Jugez, après l'impression que mon portrait vous a faite, si j'ai été bien aise de l'improbation qu'il lui a donnée! Effectivement ce portrait vous a bien trompé; car vous n'imaginez sûrement pas que j'ai l'air très-doux : cela est vrai pourtant, et je ne désespère pas........ Mais non, une seconde tentative qui ne me réussiroit peut-être pas mieux, me laisseroit sans ressources ; il vaut mieux ne pas priver mon imagination du droit de penser que ce n'est pas moi qui ne vous ai pas plu. Mais peut-on dire qu'une imagination pense?..... N'importe, je ne recommencerai pas ma lettre pour cela. Vous me pardonnerez bien cette faute, si c'en est une ; vous savez de reste que je n'en fais pas quand il s'agit de sentiment.

Si papa savoit que je vous écris, il me chargeroit pour vous de tout ce que vous voudriez bien recevoir de sa part ; mais je ne lui en ai point parlé ; j'aime bien mieux l'entretenir de ce que vous avez fait, que de ce que je dois faire. Lui-même, tout sensible qu'il est, ne sauroit avoir l'idée de la joie dont il m'a comblée, en me disant que vous étiez adoré dans son pays; que vos vertus, vos mœurs, votre génie, et sur-tout votre cœur, étoient l'objet des louanges et de la vénération publique. Je le crois bien ; partout où il y aura des ames droites et honnêtes, on sentira votre mérite, mais jamais personne ne le sentira comme moi. Adieu, mon cher Jean-Jacques. Vous ne m'avez point écrit depuis que je vous appelle ainsi ; savez-vous bien que cela m'alarme sur le succès de cette liberté?

(*De la même.*)

28 août 1764.

Voici, mon ami, la quatrième lettre que je vous écris depuis que je n'en ai reçu de vous, et la dernière des vôtres étoit datée du 28 avril. Si c'est à l'infidélité de la poste que je dois imputer mon malheur, il est bon que vous le sachiez; j'ai la ressource de le croire, car elle a perdu depuis six mois trois lettres qui m'étoient adressées d'Allemagne et de Montpellier. Si vous ne m'avez réellement point écrit, ne prenez point ce que je vous dis pour un reproche, je ne vous en ferai jamais. Vous avez voulu n'être jugé que ma raison, et je le conçois bien : c'est assez en dire à quelqu'un qui entend comme vous. Adieu.

(*De Rousseau.*)

Au Champ-du-Moulin, le 9 septembre 1764.

J'ai reçu toutes vos lettres, chère Marianne; je sens tous mes torts; pourtant j'ai raison. Dans les tracas où je suis, l'aversion d'écrire des lettres s'étend jusqu'aux personnes à qui je suis forcé de les adresser, et vous êtes, en pareil cas, une de celles à qui je me sens le moins disposé d'écrire. Si ce sont absolument des lettres que vous voulez, rien ne m'excuse; mais si l'amitié vous suffit, restez en repos sur ce point. Au surplus, daignez attendre, je vous écrirai quand je pourrai.

Mille choses, je vous supplie, au papa, s'il est encore auprès de vous.

(*De Marianne.*)

Le 20 septembre 1764.

Ma dernière lettre auroit été ma dernière importunité, s'il étoit impossible que vous vous méprissiez aux motifs de mon silence ; mais dans les idées généralement reçues, j'ai tant de raisons de me taire, que je m'en trouve une très-forte de parler. Ce n'est pas que je ne me rappelle très-distinctement que la fierté de Mme. *** vous a paru *de fort bon exemple* : pour cette fois, ce souvenir ne peut m'arrêter. Mon ami, si la situation de cette dame et la mienne sont pareilles, nos dispositions ne le sont pas ; elle vous admiroit sans vous aimer : c'étoit s'assurer des plaisirs et s'épargner des regrets. Pour moi, séduite par un attrait plus vif, les mouvemens de mon cœur devancèrent les opérations de mon esprit, et je sentis, bien plus que je ne le jugeai, combien vous méritiez d'hommages. Toutes les beautés n'ont pas les mêmes traits ; sans blâmer mon amie, sans m'adjuger la préférence, j'ose m'écarter, à cet égard, de sa façon de penser et de la vôtre, et je crois que la différence des sexes ne doit être comptée pour rien dans la rupture d'un commerce épistolaire, quand elle n'est entrée pour rien dans son établissement. Daignez donc, mon ami, me lire avec attention, et ne pas vous rebuter de ce que je suis forcée de remettre sous vos yeux des choses que je vous ai déjà plusieurs fois présentées.

Vous savez que notre liaison doit sa naissance au plaisir dont me pénétra la lecture de *la nouvelle Héloïse*. Mon amie, que j'entretenois sans cesse de l'opinion que ce livre m'avoit donnée de vous, crut que mon goût pour vos talens me rendoit digne de votre estime, et tenta de me l'acquérir, en vous apprenant l'effet qu'ils avoient produit sur moi. Elle ne voyoit pas, comme moi, l'énorme distance qu'il falloit franchir pour nous approcher l'un de l'autre, et j'espérois bien moins qu'elle de la démarche qu'elle vouloit risquer. Son zèle, je le dirai toujours, l'emporta sur sa prudence; elle vous écrivit; l'affectueuse condescendance avec laquelle vous lui répondîtes, m'enhardit à vous écrire aussi. Sur le portrait qu'elle vous fit de moi, et sur mes lettres, vous vous prévîntes en ma faveur jusqu'à l'enthousiasme;

vous me plaçâtes, comme on place tout ce qu'on aime, au-dessus de l'humanité, et vous me promîtes un attachement sans bornes. Un succès si flatteur n'étoit pas fait pour ralentir le vif intérêt que je prenois à vous; mes sentimens s'accrurent, mes prétentions s'accrurent avec eux; ma vanité osa vous traiter comme un autre, vous que mon cœur distinguoit si bien. Notre correspondance avoit été commencée avec chaleur, je voulus qu'elle se soutînt de même; j'exigeai de l'égalité dans votre ton, et de l'exactitude dans vos réponses. Vous déclarâtes votre amour pour l'indépendance, j'insistai; vous me traitâtes durement, et une renonciation précise à mon estime et à mon amitié, fut l'annonce du silence le plus accablant. Je n'ai jamais regagné ce que cet instant me fit perdre, le nom de *Julie*. Cependant, à force d'entasser les preuves de mon repentir et de mon affection pour vous, je vous amenai au point de me dire que le *cœur plein de moi*, vous n'aviez pu vous empêcher d'en parler à Mme. de Luxembourg. Je jouissois donc de la douceur de vous occuper presque sans partage, lorsque vous m'adressâtes l'*Éducation*. Si vous m'aviez plu auteur de *Julie*, auteur d'*Émile* vous deviez m'enchanter ; et puis, indépendamment de vos talens et de vos nouvelles bontés pour moi, quel concours de choses intéressantes ! L'état de votre santé, celui de votre fortune, votre éloignement, ses circonstances, en un mot, toutes les disgrâces dont vous faites une peinture si frappante dans votre lettre à M. l'archevêque.... On m'apporte une lettre....... elle est de vous ; je reconnois vos caractères......... O mon ami ! mes plaintes cessent ; pardonnez-moi de n'avoir pas le courage de les supprimer, et jugez, par leur espèce, si quatre mois d'oubli avoient pu introduire l'indifférence dans mon ame ! Mon cher Jean-Jacques, mon adorable ami, jamais personne ne vous aimera comme moi. Vous me demandez si ce sont des lettres que je veux. Eh ! sans doute, j'en veux, puisque cette précieuse amitié dont vous m'assurez, ne peut avoir d'autres interprètes. Vous m'aimez, vous pensez à moi ; mais qu'est-ce qu'un bonheur ignoré, et comment croire qu'au milieu des *tracas* où vous êtes, des sentimens, cultivés de si loin, n'éprouveront aucune langueur ? Allons, c'en est fait, je ne soupçonnerai plus leur constance ; ne m'écrivez point ; ce que vous me dites de l'*aversion* que vous avez pour écrire des lettres, me fait redouter d'en recevoir de vous. Cependant, où il n'y a point de contrainte, l'aversion ne sauroit exister. Ne m'écrivez donc que quand vous voudrez, et sur-tout rassurez-moi sur votre santé. Votre changement de date confirme ce que j'ai ouï-dire de votre changement d'habitation. Les froids excessifs viennent, tout cela m'alarme. Adieu, mon inestimable ami, je ferai tout ce que vous voudrez ; vous voulez que j'attende que vous m'écriviez, je vous attendrai ; mais n'allez pas oublier que je vous attends.

Ce 24.

Quand j'aurois fermé ma lettre tout de suite, grâce à votre arrangement avec M. Junet, vous ne l'auriez pas eu un jour plutôt; ainsi j'ai voulu attendre que j'eusse vu papa, car il est toujours dans ce pays. N'y a-t-il pas d'instant où vous voulussiez être à sa place, mon ami? Je sais bien que vous ne répondrez pas à cela, et je vous en remercie, quoique vous y pussiez répondre. Cet honnête homme, que je vois très-souvent, a été enchanté de votre souvenir. Eh! comment une ame que mes attentions touchent, ne seroit-elle pas pénétrée des vôtres? Il vous prie d'agréer les assurances de sa reçonnoissance et de sa parfaite considération pour vous. Ce bon papa m'a embrassée dans le premier mouvement de la joie que lui a causée la commission dont vous m'aviez chargée; il vous est bien attaché, et je l'en aime encore davantage. M. du Terreaux, qui étoit avec lui chez moi, vous prie de trouver bon qu'il soit de moitié dans tout ce que je dois vous dire de la part de papa. Adieu, mon cher ami, je vous souhaite une bonne santé et beaucoup de mémoire.

(*De Rousseau.*)

A Motiers, le 21 octobre 1764.

La fin de votre dernière lettre, chère Marianne, m'a fait penser que je pourrois peut-être vous obliger, en vous mettant à portée de me rendre un bon office. Voici de quoi il s'agit : Mon portrait, peint en pastel par M. de la Tour, qui m'en a fait présent, a été remis par lui à M. Lenieps, rue de Savoie, pour me le faire parvenir. Comme je ne voudrois pas exposer ce bel ouvrage à être gâté dans la route par des rouliers, j'ai pensé que si votre bon papa étoit encore à Paris, et qu'il pût, sans incommodité, mettre la caisse sur sa voiture, il voudroit bien peut-être, en votre faveur, se charger de cet embarras. Cependant, comme il se présentera dans peu quelqu'autre occasion non moins favorable, je vous prie de ne faire usage de celle-ci qu'en toute discrétion.

Je rends justice à vos sentimens, chère Marianne; je vous prie de la rendre aux miens, malgré mes torts; le premier effet des approches de l'hiver sur ma pauvre machine délabrée, un surcroît d'occupations inopinément survenues, de nouveaux inconnus qui m'écrivent, de nouveaux survenans qui m'arrivent, tout cela ne me permet pas d'espérer de mieux faire à l'avenir, et cela même est mon excuse. Si le tout venoit de mon cœur, il finiroit ; mais venant de ma situation, il faut qu'il dure autant qu'elle. Au reste, à quelque chose malheur est bon : vous écrire plus souvent, me seroit sans doute une occupation bien douce, mais j'y perdrois aussi le plaisir de voir avec quelle prodigieuse variété de tours élégans vous savez me reprocher la rareté de mes lettres, sans que jamais les vôtres se ressemblent. Je n'en lis pas une sans me voir coupable sous un nouveau point de vue. En achevant de lire, je pense à vous, et je me trouve innocent.

(*De Marianne.*)

Le 26 octobre 1764.

Non, le sort ne me réserve point de satisfaction sans mélange; vous allez en juger, mon cher ami. J'étois hier à table chez moi, avec MM. du Phly, que vous connoissez, du Terreaux (de Paris), Breguet et son jeune compagnon de voyage, quand on me remit votre lettre. A peine le dîner étoit-il fini, que j'allai m'enfermer dans mon cabinet pour la lire. Le premier sentiment qu'elle m'inspira fut la reconnoissance; il n'y avoit pas de temps à perdre pour mettre vos faveurs à profit, papa devoit partir ce matin. M. du Phly, qui n'est point dans mon secret, me gênoit horriblement. J'appelai papa avec le plus grand empressement; je jouissois du plaisir qu'il alloit avoir à m'entendre. Je lui dis ce que vous demandiez de lui; il me répondit qu'il se chargeroit bien volontiers de la commission dont vous daigniez l'honorer, pourvu que la caisse pût s'arranger sur sa voiture, qui est très-petite, et à condition que vous permettriez que ce ne fût pas par rapport à moi qu'il vous rendît ce léger service : voilà ce qui s'appelle faire un compliment vraiment honnête. Papa connoît bien la route de mon cœur. J'appelai M. du Terreaux, dont nous avions besoin pour faire reconnoître papa de M. Lenieps, ne voulant pas produire ma lettre. Tout ce mouvement fit sentir à M. du Phly que j'étois en affaire avec ces messieurs; il me connoît, n'en conclut rien à mon désavantage, et sortit. Aussitôt que nous fûmes libres, il me vint à l'esprit que si M. du Terreaux vouloit m'introduire chez M. Lenieps, je pourrois voir votre portrait : c'étoit une occasion que je ne devois jamais retrouver ; il le voulut bien. L'espérance de contribuer à la sûreté de ce précieux ouvrage m'avoit enchantée, celle de le voir mit le comble à mon enthousiasme. Cette démarche me paroît toute simple : voit-on des inconvéniens à ce qu'on desire ! Je prends le carosse d'un homme qui m'arrive sur ces entrefaites, je le renvoie, lui; je m'embarque avec MM. Breguet et du Terreaux, pour aller chez M. Lenieps. Le cœur me bat, la joie pétille dans mes yeux ; nous arrivons.... Il étoit emballé ! mais emballé.... comme par les mains de la jalousie. Ah ! mon ami, cela est affreux ; aussi en eus-je un mal de tête..... Il faut pouvoir saisir une idée de cette espèce avec autant d'avidité et de force que moi, pour savoir ce qu'il en coûte de la perdre. Toutefois ma ressource fut de m'oublier totalement pour ne songer qu'à vous; je me fis donner votre portrait, et je le portai sur mes genoux depuis la rue de Savoie jusque dans la rue du Bacq, où j'allai voir si la voiture de papa pourroit le contenir sans risque : heureusement la place qu'il lui destinoit paroissoit faite exprès. Enfin, il fallut faire mes adieux à cet excellent homme, et je quittai, avec un regret presqu'égal, le dépôt et le dépositaire. Mon ami, croyez-vous ne me rien devoir pour la fausse joie que vous m'avez causée? Sûrement l'intelligence ne vous manquera pas ; puissiez-vous être aussi bien intentionné que je suis ambitieuse et discrète !

Mon papa ira certainement lui-même vous remettre le trésor que je lui ai confié; je vous en prie, mon charmant ami, achevez sa satisfaction, en paroissant flatté des sentimens qu'il vous a voués; il mérite toute votre estime; sous des dehors ordinaires, il cache un cœur qui ne l'est pas. Quel inépuisable fonds d'humanité, de bienfaisance, de sensibilité, de reconnoissance, de désintéressement, de bonté en tout genre, la Providence lui a donné! Et puis, comme il m'aime! Oh! s'il avoit autant de génie que vous, vous ne seriez que le second homme du monde.

Vous me dites de n'user qu'en *toute discrétion* de l'occasion du dépôt de papa, parce qu'il s'en trouvera dans peu de *non moins favorable*. Non moins favorable! et vous ne le devrez ni à moi, ni à mon ami! Ah! mon cher Jean-Jacques, vous avez de cruels momens.

Je ne conçois pas trop comment un homme qui fait sonner si haut son indépendance, croit excuser ses torts, en disant que des inconnus lui écrivent et lui arrivent. Est-ce être indépendant, que se devoir à tant de gens? Au reste, vous avez beau m'entretenir du plaisir que vous prenez à observer *la variété* de mes reproches, vous ne m'inspirerez point le desir de me venger en les supprimant; je continuerai seulement d'y mettre toute la douceur que *Julie* y auroit mise. L'amusement qu'ils vous procurent peut bien me consoler de votre silence, mais non pas me dédommager de vos lettres; et je dois vous dire que, comme je sens également tout ce qui me vient de vous, mes remercîmens seroient aussi *élégans* que mes plaintes.

Vous rendez justice à mes sentimens, dites-vous : oui, la justice d'y croire ; vous n'avez pas besoin d'un foi bien *robuste* pour cela. Les croyez-vous bien payés aussi, quand vous me parlez d'occupations que vous ne me détaillez jamais ; quand je n'ai pas la moindre part à votre confiance ; quand vous n'acquittez pas, même actuellement, la parole que vous me donnâtes sans me connoître ?..... Aussi, qui ne seroit encouragé par vos succès ? Adieu.

(*De Rousseau.*)

A Motiers, le 16 décembre 1764.

Je n'ai pas eu, chère Marianne, en recevant mon portrait, que M. Breguet a eu la bonté de m'envoyer, le plaisir que vous m'annonciez de le recevoir lui-même. La fatigue, le mauvais temps qu'il a eu durant son voyage, l'ont retenu malade dans sa maison ; et moi, depuis deux mois enfermé dans la mienne, je suis hors d'état d'aller le remercier, et lui demander un peu en détail de vos nouvelles, comme je me l'étois proposé. Donnez-m'en donc vous-même, chère Marianne, en attendant que je puisse voir votre bon papa, si digne de l'éloge que vous en faites et de l'attachement que vous avez pour lui. Quant à moi, je ne suis qu'un ami peu démonstratif, quoique vrai ; réputé négligent, parce que ma situation me force à le paroître, et trop heureux de recevoir de vous, à titre de grâce, des sentimens que vous me devrez quand les miens vous seront mieux connus. En attendant, il vaut mieux que vous m'aimiez et que vous me grondiez, que si vous paroissiez contente sans l'être. Tant que vous exercerez sur moi l'autorité de l'amitié, je croirai qu'au fond vous rendez justice à la mienne, et que c'est pour me laisser moins voir ma misère, que vous vous en prenez à ma volonté. Voilà du moins le seul sens que devroient avoir vos reproches; si je pouvois vous écrire et vous complaire autant que je le desire, et que vous fussiez équitable, le papa lui-même ne vous seroit pas plus cher que moi.

J'apprends avec grand plaisir qu'il est beaucoup mieux.

(*De Marianne.*)

Le 28 décembre 1764.

Je savois par mon papa, qu'un concours de circonstances désagréables l'avoit empêché d'exécuter un projet où ses sentimens pour vous avoient eu bien plus de part que la politesse, cher Jean-Jacques. Son intention est bien de profiter du premier moment dont le temps et sa santé le laisseront disposer, pour aller vous remercier de la confiance que vous lui avez marquée; j'espère qu'il vous entretiendra de moi. Je serois flattée qu'il vous montrât la lettre par laquelle je l'en prie; vous y verriez combien je suis modeste sur un point où peut-être je serois pardonnable de ne l'être pas. L'obligeante façon dont vous me parlez de cet excellent homme, me pénètre de satisfaction; votre bienveillance est d'un si haut prix à mes yeux, que je voudrois qu'elle s'étendît sur tout ce que j'aime.

Votre dernière lettre est bien séduisante, cher Jean-Jacques; sans les fruits amers de l'expérience, elle auroit bien de quoi égarer mon imagination. On diroit, à vous entendre, que vous me préparez quelque preuve d'attachement aussi victorieuse que les argumens des *Lettres de la Montagne*. Pour moi, je gagerois bien que tout cela se réduira à recevoir, quelquefois, avec bonté les protestations du mien. En vérité, je ne connois point d'amitié aussi coquette que la vôtre.

Je les ai lues, ces fameuses lettres, bien que je pusse les citer sans cela. Un de mes amis, qui sait avec quelle passion je desire vos ouvrages, a tant fait pour qu'on les lui prêtât, qu'il me les a prêtées. Entre tous les plaisirs qu'elles m'ont procurés, celui de vous y reconnoître n'a pas été le moins sensible. Jugez si je suis digne de les lire, il y a quelques endroits qui m'ont attendrie jusqu'aux larmes ; je me roidis cependant avec assez de succès contre la beauté de votre style ; car enfin, si, comme vous le dites, elle ne prouve pas que vous ayez tort, elle ne prouve pas non plus que vous ayez raison. Mais, ce à quoi je ne résiste point, c'est à la probité, qui est l'ame de vos écrits ; elle m'entraîne malgré moi, et me rendroit vos erreurs dangereuses, s'il étoit possible qu'avec un cœur si droit vous eussiez un esprit gauche.

Mon amie, ma Claire, la fille aînée de mon papa, celle qui vous ressemble, a fait connoissance avec M. de Valdahon ; elle m'a dit qu'il lui avoit fait de vous un si éminent éloge, qu'il ne pouvoit convenir qu'à vous. Ce qui m'en a le plus agréablement affecté, c'est qu'il prétend qu'on ne peut obtenir de considération dans le pays que vous habitez, qu'en se déclarant votre partisan. Pour une ame susceptible de reconnoissance, c'est un engagement à ne le point quitter : prenez-y garde, cher Jean-Jacques. Je suis charmée que ma bonne amie ait entretenu ce jeune homme, parce qu'il n'y a point de particularités sur votre compte qui ne soient intéressantes ; mais pour moi, à qui elles reviendront par elles, je ne veux point le reconnoître : on n'est pas porté à aimer les gens plus heureux que soi ; il vous a vu, il a joui de votre conversation ; vous avez pris part à ses peines. Qu'est-ce qui l'a conduit au bonheur que je lui envie ? Qu'est-ce qui m'en éloigne ? C'est sur quoi il ne faut pas réfléchir.

La rigueur du froid qu'il fait ici depuis le 22, me fait bien souffrir pour vous ; il est si préjudiciable à votre santé ; elle m'est si chère, j'en ai si rarement des nouvelles !...... Eh quoi !

toujours sentir l'importunité de ses plaintes, et n'y renoncer jamais!..... Adieu, cher Jean-Jacques. Puisse l'Être incompréhensible qui vous a déjà tant donné, vous donner encore une longue suite d'années, dont les chagrins et les souffrances ne nous dérobent pas l'utilité!

(*De la même.*)

Le 6 février 1765.

ON m'a remis sous enveloppe, et de la part de l'auteur, les *Lettres de la Montagne*, en deux volumes, et d'une fort belle impression. Recevez-en mes sincères remercîmens, mon cher Jean-Jacques, et croyez que quand vous ne fourniriez pas sans cesse de nouveaux objets à ma reconnoissance, mes seules réflexions l'accroîtroient tous les jours.

Je sors d'une incommodité qui, sans vous, auroit été une maladie; j'ai eu un violent mal de gorge, avec une forte fièvre et un assoupissement invincible. Je n'ai point vu de médecin, et à l'aide des bains de pieds que vous m'avez conseillés, et d'un topique assez dégoûtant (ce sont des vers de terre) appliqué sur ma gorge, j'ai été quitte de mes maux au bout de cinq jours. Ils étoient pourtant aussi aigus que ceux qui vous arrachèrent autrefois en ma faveur une exclamation si énergique: ce souvenir, qui paroît si agréable, ne frappe point mon imagination sans faire gémir mon cœur..... Adieu, mon trop célèbre ami, pour la première fois je vous prie de ne me point écrire, à moins que ce ne soit un plaisir pour vous. Cependant, je suis inquiète de votre santé; jamais votre satisfaction ne m'a été si précieuse, jamais je n'ai tant craint tout ce qui peut l'altérer. Ah! que le ciel n'a-t-il placé votre bonheur dans la douceur d'inspirer l'attachement le plus vif, la plus tendre admiration et l'estime la plus étendue, mon ame pourroit y suffire?

(*De Rousseau.*)

A Motiers, le 10 février 1765.

L'orage nouveau qui m'entraîne et me submerge, ne me laisse pas un moment de paix pour écrire à l'aimable Marianne ; mais rien ne m'ôtera ceux que je consacre à penser à elle, et à faire d'un si doux souvenir une des consolations de ma vie.

Prêt à faire partir ce mot, je reçois votre lettre ; j'en avois besoin, j'étois en peine de vous. Puisque vous voilà rétablie, j'aime mieux qu'il y ait eu de l'altération dans votre corps que dans votre cœur ; le mien, quoi que vous en disiez, est pour vous toujours le même ; et si tant d'atteintes cruelles le forcent à se concentrer plus en dedans, il y nourrit toutes les affections qui lui sont chères. Vous avez un ami bien malheureux, mais vous l'avez toujours.

. . . .
. . . .

. . . . Je ne cache point ma foiblesse en vous écrivant; vous sentez ce que cela veut dire.

(*De Marianne.*)

Le 25 février 1765.

Je suis bien touchée, cher Jean-Jacques, de ce que, malgré toutes vos peines, vous ayez songé à me rassurer sur vos sentimens pour moi, avant d'avoir reçu ma seconde lettre. Cependant, ce qui traverse si opiniâtrement votre bonheur, ne sauroit augmenter le mien, et j'aimerois bien mieux que cette marque de bonté, qui a assez de prix par elle-même, n'en tirât pas un si grand de la circonstance où vous vous trouvez.

Il y a long-temps que ma réserve me pèse et que je souffre de la vôtre; ainsi, puisqu'enfin vous me traitez en amie, je vais vous parler à cœur ouvert.

Je respecte votre foiblesse, cher Jean-Jacques, mais je ne la conçois pas; en consacrant votre plume à la vérité, n'avez-vous pas dû préparer votre ame à la constance? Vous qui paroissez si bien connoître les hommes, comment avez-vous pu penser qu'ils accueilleroient celui qui condamne leurs mœurs par ses exemples, et foudroie leurs préjugés par ses écrits? La route que vous avez prise ne devoit pas vous conduire au repos, mais à la célébrité; vous n'avez pu l'ignorer. Après avoir eu l'audace qu'il falloit pour atteindre à son plus haut degré, manqueriez-vous de la fermeté nécessaire pour supporter les adversités dont elle est accompagnée, et ne seriez-vous pas aussi fort d'avoir publié *Émile* devant vos ennemis et devant vous-même, que devant Dieu? C'est à ceux qui s'intéressent à vous, c'est à moi et non pas à vous, à succomber sous les coups qu'on vous porte, parce ma sensibilité est à découvert, et que la vôtre doit être défendue par les vues supérieures qui ont enflammé votre génie. Aussi, je vous l'avoue, votre sort m'irrite contre votre zèle; je voudrois que vous fussiez plus tranquille et moins illustre. Vous le savez, je chéris votre personne, et j'idolâtre vos talens; avec tout cela vous n'êtes point irréprochable à mes yeux; je vous trouve un tort essentiel dont vos adversaires n'ont garde de vous charger, c'est celui d'être la cause des atrocités qu'on exerce envers vous. Il faudroit que vos derniers ouvrages produisissent plus de bien que vous ne pouvez en attendre, pour que les choses se retrouvassent dans l'équilibre où elles étoient avant qu'ils parussent. Ce qui vous concerne excepté, tout va à-peu-près comme tout alloit auparavant la publication d'*Émile* ; la clarté que vous y jetez sur des matières qu'on n'est pas accoutumé à bien voir, éblouit plus de gens qu'elle n'en éclaire, et presque tous ceux qu'elle attire cessent d'appercevoir, non - seulement l'objet éclairé, mais la lumière elle-même. A la vérité, quelques cœurs bien disposés recueillent les semences de vertu que vous répandez à pleines mains dans cet inestimable écrit. Il n'est donc utile qu'à ceux qui auroient pu s'en passer, et qu'est-ce que le bien qu'il leur fait, en comparaison de l'oppression d'un homme juste, et de la protection qu'elle assure à quiconque recherchera ses fautes, empoisonnera ses intentions, et flétrira son caractère ? Mon ami, il existe plus d'un V......., tous ne sont pas aussi maladroitement méchans que l'auteur du libelle, et la vertu, presque toujours dénuée de secours étrangers, se doit le ménagement de ne pas lutter contre le vice. Voilà ma façon de penser sur tout ce qui se passe à votre égard depuis que je vous connois. A Dieu ne plaise, qu'en vous la découvrant, je veuille porter atteinte à la satisfaction intérieure qui doit vous consoler de tout! que je croie avoir ce pernicieux crédit sur vous, ou que je l'ambitionne! Vous seriez trop malheureux, s'il vous venoit des doutes sur la bonté des raisons qui vous ont déterminé à combattre tant d'opinions reçues ; car, à moins de faire l'entier sacrifice de votre amour-propre, vous vous êtes ôté tout moyen de revenir sur vos pas. Croyez cependant, cher Jean-Jacques, que je suis toute prête à m'accuser d'injustice, quand l'opposition que la nature a pour la douleur, me force à blâmer votre conduite, et que les suites funestes qu'elle a eues et qui en ont elles-mêmes de non moins cruelles, m'attachent toujours plus à vous. Je vous plains d'avoir éprouvé l'ingratitude de votre patrie, et davantage encore d'avoir été obligé d'exposer aux regards de toute l'Europe, la tyrannie de ses magistrats et la mauvaise foi de ses ministres, après avoir été l'apologiste des uns et le panégyriste des autres; mais sur-tout après avoir dit : *Il faut se taire, et ne pas imiter le crime de Cham.* Adieu, très-cher Jean-Jacques; je ne vous crois pas capable de me savoir mauvais gré de ma franchise. Si vous l'étiez, il seroit bon de le savoir.

Motiers, le 10 mars 1765.

J'ai lu votre lettre avec la plus grande attention ; j'ai rapproché tous les rapports qui pouvoient m'en faire juger sainement : c'étoit pour mon cœur une affaire importante.

Vous étiez flatteuse durant ma prospérité, vous devenez franche dans mes misères : à quelque chose malheur est bon.

J'aime la vérité, sans doute ; mais si jamais j'ai le malheur d'avoir un ami dans l'état où je suis, et que je ne trouve aucune vérité consolante à lui dire, je mentirai.

On peut donner en tout temps, à son ami, le blâme qu'on croit qu'il mérite ; mais, quand on choisit le moment de ses malheurs, il faut s'assurer qu'on a raison.

Lorsque je disois, il faut se taire, et ne pas imiter le crime de Cham, j'étois citoyen de Genève ; je ne dois que la vérité à ceux par qui je ne le suis plus.

Lorsque je disois, il faut se taire, je n'avois que ma cause à défendre, et je me taisois ; mais, quand c'est un devoir de parler, il ne faut pas se taire : voyez l'avertissement. Adieu, Marianne.

J. J. Rousseau.

(*De Marianne.*)

Le 19 mars 1765.

Flatteuse, je repousse l'épithète ; jamais la flatterie n'approcha de mon cœur. J'ai été long-tems réservée vis-à-vis de vous, et toujours passionnée pour vos intérêts vis-à-vis des autres. J'aurois tort de me le reprocher ; l'ardeur de votre amitié pour moi me venge bien du ridicule que mon enthousiasme pour vous m'a plus d'une fois donné.

Je ne sais de quelle *prospérité* vous me parlez, je ne vous en ai jamais connu d'autre qu'un avantage décidé sur tout ce qui a osé vous combattre. Les armes qui vous l'ont valu vous restent ; pour vous attaquer dans ce que vous appelez vos *misères*, il ne suffiroit pas d'être vil, il faudroit être insensé. |

Je veux vous l'avouer, votre triomphe sera moins humiliant pour moi, que le soin de vous le cacher. Votre lettre m'a cruellement affectée ; j'ai cependant moins à m'en plaindre que de celle où vous m'avez trompée, en me marquant une affection qu'elle dément.

Quoi que vous ayez voulu que signifiât votre signature, jamais lettre n'en eut moins besoin.

Si j'avois blessé votre amour-propre, je saurois à quoi attribuer l'aigreur de vos sentences; mais je ne vous ai pas dit une seule vérité choquante, car je n'en connois point pour vous. Quand j'ai admiré vos ouvrages, ce n'a été que pour vous faire ma cour; sans le plaisir qu'ils m'ont fait, aurois-je jamais conçu le dessein de percer jusqu'à vous, et le desir de vous complaire? En les louant, j'ai suivi l'impression de ce plaisir; ensuite, j'ai trouvé que les chagrins qu'ils vous ont attirés me la faisoient payer trop cher, parce que mon cœur étoit encore plus touché que mon esprit, et je me suis cru assez sûre de vous pour laisser parler ma tendresse. Tout mon tort se réduit à une erreur; si vous voyez autre chose dans mes lettres, vous ne lisez pas aussi bien que vous écrivez, cher Jean-Jacques. Au reste, ce n'est pas le premier caprice que vous me faites endurer; heureux ou malheureux, vos sentimens dépendent de vos idées, elles changeront encore, et vous me rendrez justice.

Vous vous taisez sur ce que je désapprouve, et vous vous justifiez sur ce dont je vous plains;

appliquerois-je mal ma sensibilité et ma censure ? Quoi qu'il en soit, aussi modeste que sensible, je ne me croyois pas assez importante pour effleurer votre tranquillité, quand même je me serois déclarée contre vous, et j'étois bien loin de m'attendre aux éclats de votre colère. Vous avez tous mes vœux, cher Jean-Jacques ; vous auriez tous mes regrets, si je croyois avoir exercé un seul instant le funeste pouvoir de vous nuire. Dans notre commerce, toutes les peines doivent être pour moi, c'est un marché auquel mon cœur a souscrit depuis long-temps. En vain ma fierté s'indigne de ce que d'un trait de plume vous disposez de mon repos ; mon penchant, plus fort qu'elle, met vos droits en sûreté. Vous n'avez rien fait pour le faire naître, et peu de chose pour le nourrir ; vous en faites inutilement beaucoup pour le détruire ; je pourrai cesser de vous le dire, mais je vous aimerai toujours : cela posé, il ne tiendra qu'à vous d'entendre mon silence, quand vous m'aurez forcé à le garder. Je chéris en vous des vertus sans prix et des talens sans nombre. Après avoir franchi tant d'obstacles pour vous offrir l'hommage du plus sincère attachement, je ne renoncerai point à mon choix, parce que vous me traitez quelquefois moins bien que je ne devrois m'y attendre. Eh ! qui a pu aimer J. J. Rousseau à cause des qualités de son ame, se croira-t-il fondé à s'en détacher à cause des défauts de son humeur ? Ce seroit excuser son ingratitude envers le soleil, sur ses éclipses.

Si je vous avois *flatté* durant votre *prospérité*, à supposer que vous entendiez par ce mot le temps où vous n'aviez point éprouvé d'injustices, auriez-vous rompu avec moi avant votre départ de France ?

(*De la même.*)

Le 22 avril 1765.

Encore un jeudi de passé, et point de nouvelles ! Vous m'attendez, cher Jean-Jacques, et vous avez bien raison : le même sentiment qui m'arrêteroit vis-à-vis de tout autre homme, précipite mes pas vers vous. Vous êtes malheureux, vous vous croyez offensé, vous êtes *Vous*, enfin ; le moindre de ces titres doit l'emporter sur les petites bienséances de mon sexe. Si votre silence est causé par vos occupations, je me garderai bien de me plaindre, si ce n'est de ce que les objets qui vous entraînent loin de moi ne sont pas aussi flatteurs que je voudrois que le fût tout ce qui vous environne. Mais s'il est l'effet de votre mécontentement, c'est pour vous-même que je m'en plaindrai. Vous ne m'avez pas bien jugée, quoique vous ayez *examiné* ma lettre avec *attention*. Souffrez que je pèse mes torts avec vous, non pas à dessein de me défendre, mais, s'il est possible, de vous ramener ; ma faute a-t-elle, peut-elle avoir d'autre principe que l'extrême vivacité de mon attachement pour vous? Ai-je jamais cessé, quand j'ai osé vous blâmer, de suspecter mon jugement? Suis-je la seule qu'une affection profonde ait égarée? Pouvez-vous légitimement me faire un crime d'avoir été la dupe de mon zèle? Et, quand c'en seroit un, croyez-vous ne m'en avoir pas assez punie par la dureté de votre réponse et l'odieuse imputation sur laquelle elle rouloit? Quoi! cher Jean-Jacques, vos écrits respirent la bonté, ils font plus, ils l'inspirent; et, pour une indiscrétion qui n'a pu vous compromettre, dont elle n'a pris que vous pour confident, une amie à toute épreuve perdroit tous ses droits sur votre cœur? Je ne le croirai point; je ne puis me résoudre à déshonorer l'image que l'auguste amitié a tracée de vous dans mon ame. Un homme assez vindicatif pour immoler les engagemens les plus sacrés aux frivoles intérêts de la vanité, n'est point l'ami que je préfère à tout autre. *Je dis aux intérêts de sa vanité*; car, si vous ne revenez pas à moi, il est clair que je n'ai offensé qu'elle. Prenez-y garde, cher Jean-Jacques, si vous continuez d'être injuste, vous deviendrez barbare. J'ai des raisons de craindre qu'il ne se forme un polype dans mon cœur; vous savez qu'il n'y a point de maladie dont le chagrin ne hâte les progrès, et vous savez tout aussi bien que votre abandon me touche assez sensiblement pour m'en donner beaucoup. Ne suis-je pas assez malheureuse de vous avoir fait de la peine, moi pour qui l'impossibilité de vous en épargner en est une insupportable?..... Ah! quoi que vous pensiez sur mon compte, puissent tous ceux qui influent sur votre sort, être disposés pour vous comme moi!

(*De la même.*)

Le 18 mai 1765.

Dans un homme comme vous, mon cher Jean-Jacques, tout doit être éloquent pour une femme comme moi. Cependant, quand votre silence parle contre vous, je ne puis me résoudre à l'entendre. Ce n'est pas en vous taisant, que vous me persuaderez des choses dont la haute opinion que j'ai de vous rejeteroit les preuves les plus claires. Jusqu'à ce que vous m'ayez dit aussi affirmativement que vous savez dire, que vous avez rompu tout commerce avec moi, je me flatterai que c'est l'infidélité de la poste, et non votre volonté, qui me prive de recevoir de vos nouvelles, et je ne cesserai de vous en demander. Pourrois-je accuser mon ami de ce dont le hasard peut être seul coupable ? Il est difficile, je l'avoue, d'imaginer que les lettres que je vous ai écrites depuis celle qui vous a indisposé contre moi, ne vous soient point parvenues, ou que si vous les avez reçues et que vous y ayez répondu, votre réponse ne soit pas venue jusqu'à moi ; mais l'est-il moins de vous croire implacable? Puis-je, sans le dernier degré de certitude, penser qu'alliant l'orgueil, l'injustice, l'inconséquence et la cruauté, vous détruisez de sang-froid le repos et la santé de votre amie, pour vous venger de ce qu'elle a eu le malheur de se tromper? De se tromper! L'engagement.... Mais passons; les satisfactions que vous ne me donnez pas ne sont pas celles qu'il faut à ma délicatesse. Croirai-je que vous récompensez mon zèle comme vous devez punir celui de vos persécuteurs, et que vous démentez dans un moment tant de protestations que je croyois sacrées, uniquement parce que selon vous j'ai cessé de vous flatter? Croirai-je que votre cœur, qui se montre si aimant, si sensible au plaisir d'être aimé, et qui doit avoir dicté cette phrase, *on peut résister à tout, hors à la bienveillance*, n'a pu entendre une seule fois la voix de la confiance, sans se fermer pour jamais à celle de l'amitié? Croirai-je que votre affection, fruit tardif de mes empressemens, ne s'est attachée à rien de ce qui compose mon caractère; que, malgré les éloges que vous m'avez prodigués, je n'ai jamais eu de recommandable pour vous que la préférence que je vous ai donnée; que votre ame, que vous peignez si susceptible de reconnoissance, croit ne me plus rien devoir, et que par conséquent, dans vos idées, aimer c'est applaudir? Croirai-je que toutes vos vertus résident dans votre tête; que vos attrayans dehors cachent un naturel vicieux; enfin, que vos écrits sont un masque, à la faveur duquel vous avez usurpé la considération publique, et le culte presque divin que je vous ai rendu? Non, mon ami, je ne le croirai point que vous ne me l'ayez attesté vous-même; qui vous chargeroit de tant d'horreurs, ne seroit à mes yeux qu'un calomniateur infâme: vous seul avez assez de crédit sur moi, pour me convaincre que vous n'en méritez plus. Ah! faites-en un plus doux usage; rendez-moi le bonheur, si chèrement acheté, de compter sur des sentimens que vous me devez, que vous m'avez promis, dont j'ai joui, si vous êtes sincère. Justifiez, par le sacrifice d'un ressentiment puéril, la tendre prévention que j'ai conçue pour vous, comme je justifie par l'inaltérable constance de mon attachement, l'enthousiasme que vous avez marqué pour moi. Souvenez-vous combien je vous ai aimé, puisque vous ne voulez pas voir combien je vous aime. Que de duretés je vous ai pardonnées! Que d'alarmes, votre éloignement, vos chagrins, vos souffrances m'ont causées! Quel cas ne devez-vous pas faire d'une femme capable, en amitié, d'autant de sollicitudes que l'amour en comporte, et qui les a toutes éprouvées pour vous! Comparez la conduite de plus de trois ans et demi, avec les torts d'un instant; et puis, si vous l'osez, mettez un prix au retour de votre bienveillance, mais n'oubliez pas que vous traitez avec une femme à qui vous avez écrit: *A Julie : je joindrois une épithète, si j'en connoissois quelqu'une qui pût ajouter à ce mot. — Il faudra que vous soyez bien inexorable, si la disposition où je suis de m'humilier devant vous, ne vous appaise pas. — Si vous calculez encore avec moi, je pourrai bien vous adorer toujours, mais je ne vous écrirai de ma vie. — Si vous lisiez dans mon cœur, vous le verriez plein de sentiment pour vous. — De toutes les choses que je connois de vous, il y en a mille qui m'enchantent, et pas une qui me déplaise. — Mon cœur vous venge assez de mes torts avec vous, pour vous épargner le soin de m'en punir. — En vérité, vous êtes trop ma Dame, pour que je vous appelle Madame plus long-temps.* La crainte d'un grand danger absorbe celle d'un moindre; je n'appréhende plus le minutieux *reproche de compter des lettres et de souligner des mots*, et si je ne vous rapporte pas tous les traits enchanteurs dont vous avez fait des armes contre ma tranquillité, c'est qu'ils sont innombrables. Au reste, en voilà assez pour vous faire rougir, si je vous ai perdu, ou de vos sentimens ou de votre inconstance. Adieu, mon cher Jean-Jacques, quel avantage j'ai sur vous, si je vous aime la dernière.

Avez-vous reçu le jugement des *Calas*, que j'ai adressé pour vous à M. Girardier, afin qu'il vous parvînt plus vîte.

FIN DU PREMIER VOLUME.

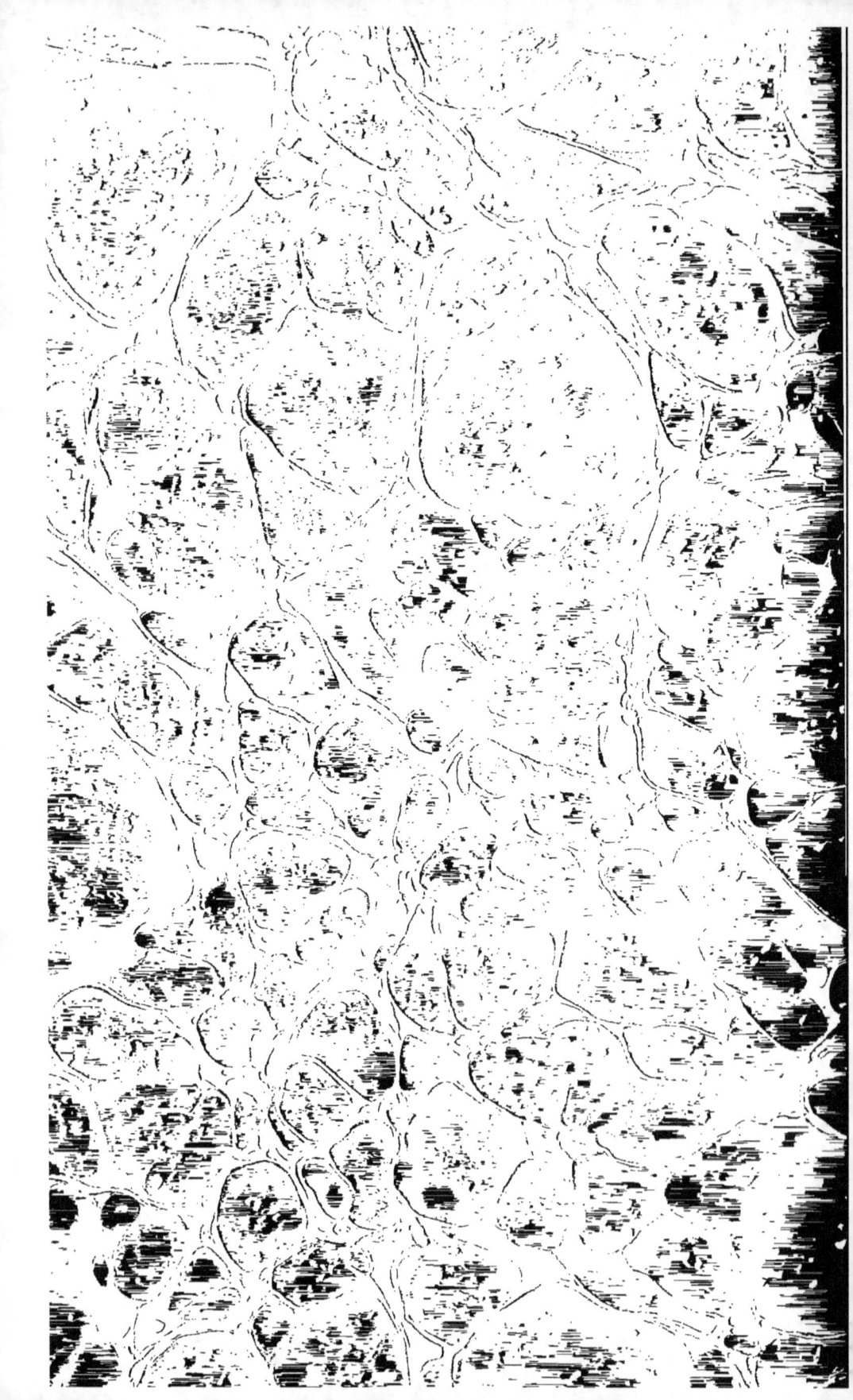

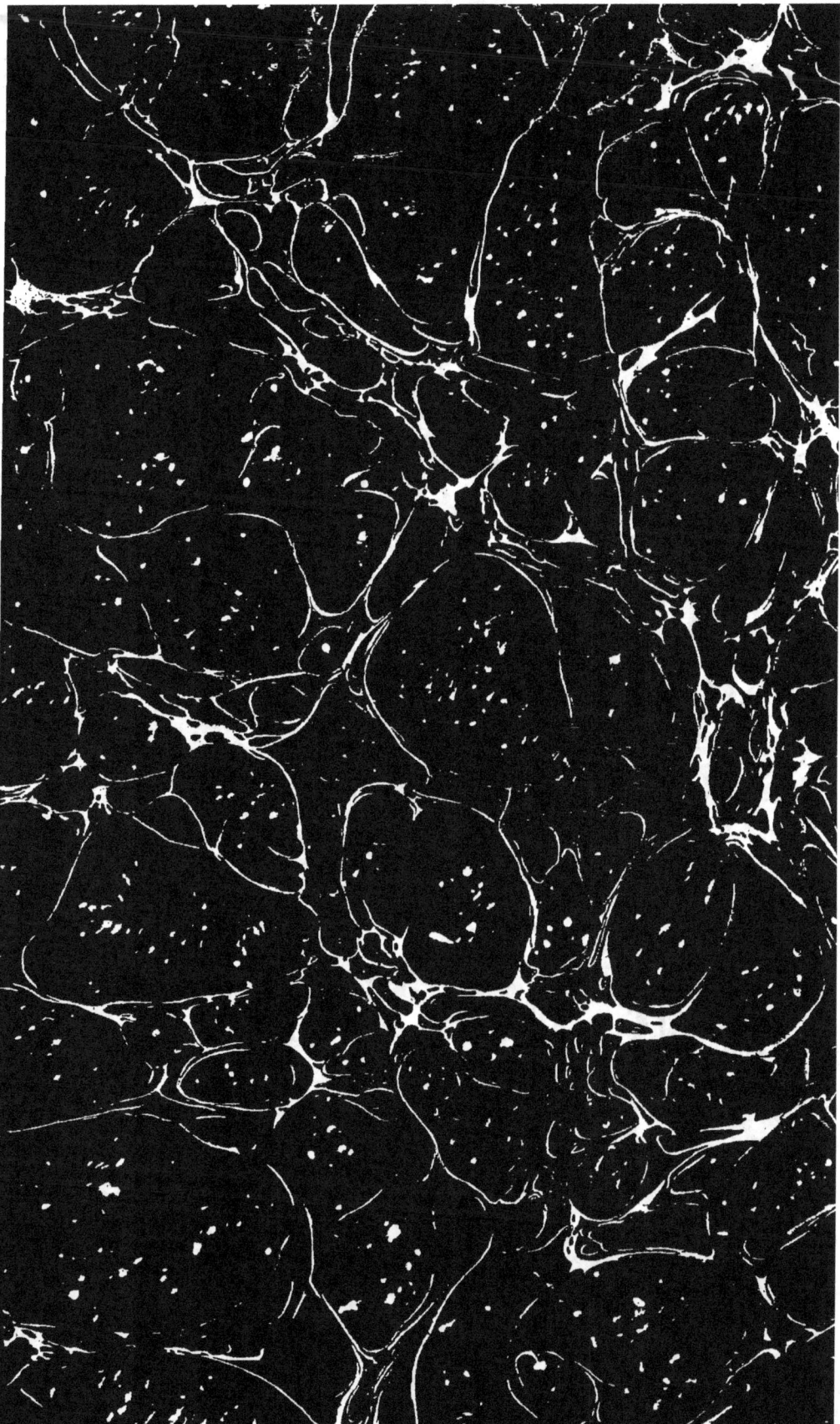

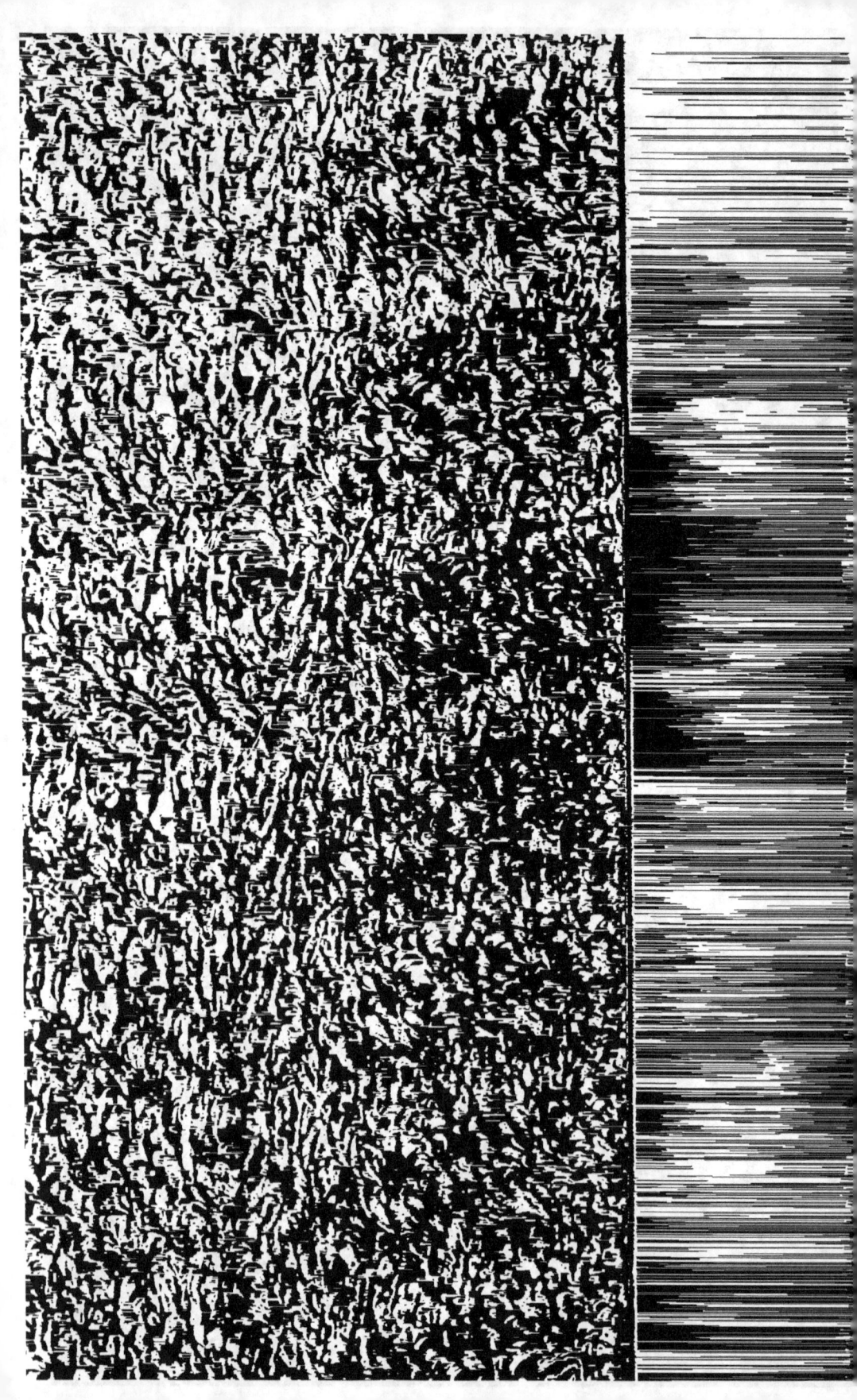

www.ingramcontent.com/pod-product-compliance
Lightning Source LLC
Chambersburg PA
CBHW052041230426
43671CB00011B/1747